部屋をオシャレに、心地よく

インテリア＆収納 10のルール

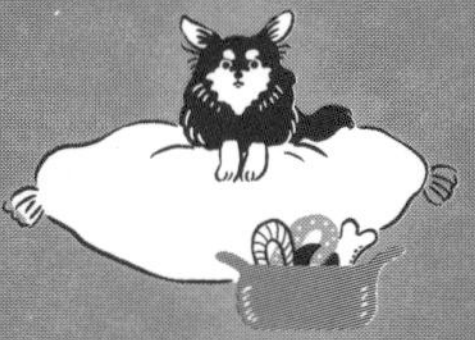

瀧本真奈美
Manami Takimoto

マイナビ

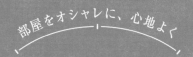

Q

今、あなたの部屋に満足していますか？

How is your room?

おうち時間が増え、何かと家の中のことが気になる今日この頃。

テーブルの上に雑多に置かれた書類やチラシ、

定番になったマスクの箱、

出しっぱなしのおもちゃに、脱いだままのパジャマ、

さらには、この一年で増えた、もろもろの備蓄品!

しばらくお客様も来ないし

「ま、いっか」

とも思うけれど……。

部屋がスッキリしないと、気分もなんだか曇りがち。
家族が散らかした物を何度も片付ける
煩《わずら》わしさもどうにかしたい。

本当は、
お気に入りの雑貨をセンスよく飾って
家族の写真もステキにディスプレイして
わが家らしい住まいを楽しみたい。

でも……
今さら、どうしたらいいの？

どこから手をつけるべき？

そんな人にこそ伝えたい。

センスに自信がなくても
お金をかけなくても
面倒くさがりでも
子どもがいても

あなたにとって心地よく過ごせる部屋づくり。

教えます、

オシャレな部屋にする
インテリアの10のルール。

はじめに

さあ、静かに目を閉じて「あなたにとってのオシャレな部屋」を思い浮かべてください。そして、その部屋での暮らしに必要なことを、具体的に7つ挙げてみてください。

もしそんな質問をされたら、どう答えますか？

「落ち着く空間」「ゆったりと広い部屋」「好きな物に囲まれた暮らし」など、「オシャレな部屋」に関しては、さまざまなキーワードが思い浮かぶのでは。でも、そこでの暮らしに必要なことを7つ即答するのは、少し難易度が上がるのではないでしょうか。

それは、こんな部屋にしたいという漠然とした理想があっても、家事や仕事、子育て、介護とやるべきことが溢れる毎日で、考える余裕を持てないからだと思います。何かに追われる日常では、部屋づくりはどうしても後回しになりがち。理想の部屋づくりを行動に移すことも、なかなか難しいものです。

とはいえ、**家は人生の半分以上を過ごす**、といわれる空間。コロナ禍になりおうち時間が増えたことから、私たちの心と体を癒やす大切な場所として、家の価値が改めて見直されてきています。同時に「住みやすくて自分の〝好き〟が詰まった、オシャレで楽しい暮らしがしたい」「部屋で癒やされたい」と願う人も、増えているのではないでしょうか。

ここで36年ほど前に遡って、私自身の部屋づくりの歴史をご紹介します。

当時、新築の賃貸マンションに家族と住んでいた私。入居当初はとても快適でしたが、私を含め家族全員、片付けが苦手だったので、瞬く間に部屋に物が溢れ出しました。不意に押し入れを開けると、ガッシャーンと大きな音を立てて中の物がなだれ落ちてくる、なんてことも日常茶飯事。それでも、またそれらを中に押し込み、必要な物を混ぜ返しながら取り出す……。当時の私は、その不便さや散らかった部屋にはあまり気を留めず、「暮らし」とはそんなもの、それが普通なんだという意識で暮らしていました。ですが、ある出来事をきっかけに、部屋に対する考えがガラリと変わったのです。

それは、中学生の頃に訪れた友人の家でのこと。当時私が住んでいた家よりもはるかに築年数が古く、小さな家でしたが、いつも整理整頓され、清々しく静寂があり、実際よりも広く感じられる家でした。友人の部屋もいつも整然としていて、必要な物がサッと取り出せ、取り出した物が嘘のように片付いていく——。その様子に衝撃を受け、羨ましく、強く魅力を感じたあのときの気持ちを、今でも鮮明に覚えています。

「新しさや広さが問題ではない。部屋がステキになるかどうかは、暮らし方次第なんだ。」

そのときの学びは、今の私の原点であり、軸にもなっています。

建築物として美しい家、高級な家具や最新のインテリアがコーディネートされた家など、誰が見ても羨ましくなるくらい美しい家は、静止画のままなら文句なく最上級にオシャレでしょう。でも、そこに「暮らし」はありません。

私たちには、そこに「暮らしている」という現実があります。使った物が散らかったり、うまく片付かなかったりすると、オシャレからは遠ざかるでしょう。でも、それは自然なこと。そこから、暮らし方次第で変わるのです。

友人宅で受けた衝撃から部屋のあり方を考え始め、「私もあんなふうに暮らしたい」と、我流ながらインテリアと収納を両立させた部屋づくりを36年間続けてきました。本書では、その実体験をはじめ、インテリア提案や収納サービスを通して見えてきたもの、知り得たことから、**忙しくてもお金をかけなくても、どんな部屋でも簡単にオシャレな部屋にするコツ**をご紹介していきます。

今すぐオシャレな部屋にする最短の近道は、**「暮らしている」という現実を忘れずに、今住んでいる部屋の魅力を最大限に活用する**こと。「古くてダメ、狭いからどうせできない、賃貸だから、転勤族だから、子どもがいるから、忙しいから……オシャレな部屋なんて到底ムリ！」とあきらめてしまう前に。ぜひ、本書から理想の暮らしや、オシャレな部屋を叶えるための〝ヒント〟を見つけていただけると幸いです。

瀧本真奈美

Contents

Contents

Chapter 3

Contents

Chapter 4

こんなときどうしたらいい!? みんなのQ&A

Introduction

まずは、
今の自分を知ろう

「心地よい部屋」の定義は、
住む人のライフステージによって異なるもの。
あなたを取り巻く環境、リアルな日々の生活に目を向けて、
インテリアの傾向を考えてみましょう。

住まいとライフステージの関係性を探る

この本でご紹介するインテリアのルールは、狭くても広くても、マンションでも一戸建てでも、どんな部屋にも当てはめることができます。でも、あなたにとって、本当の意味で心地よい部屋づくりを目指すには、**「今、自分がどのライフステージにいるか」**を考えておく必要があります。

例えば、1人暮らしとファミリーでは、多くのケースで、暮らす部屋の広さや間取りが違います。1人用の狭い空間ならそれに合ったサイズの家具が必要ですし、家族用の大きな一戸建てなら、掃除のしやすさなどにも気を配るべきでしょう。

それから、子どもがいるかいないかでも、住まいの形は大きく異なります。子どもがいれば、多くの収納スペースが必要になり、子ども部屋についても考えを巡らせなければいけません。親子で楽しくコミュニケーションが取れるような居心地のよいリビングも、きっと必要になるでしょう。

年齢はどうでしょう？　若いカップルが暮らすのと、シニアになって夫婦2人で生活をするのでは、インテリアの趣向も異なります。家族以外の人と住まいを共にする楽しさ、難しさを学ぶのが、若いカップル2人暮らしの醍醐味。一方で、年齢を重ねた夫婦は、古い物を整理しながら、理想の終の住み処を整えていきます。

言うまでもなく、ライフスタイルによっても、心地よい部屋づくりは千差万別です。自宅で仕事をすることが多いなら、オンとオフのメリハリをきちんとつけられるようなレイアウトに。「趣味こそが人生！」であれば、趣味部屋をつくってもいいかもしれません。

このように、**住まいの形は、生き方やライフステージによって大きく変化**します。この章では、ライフステージを大きく5つに分類し、それぞれの住まいの傾向をまとめました。インテリアのルールを知る前に、あなたが今、どのステージにいるのかを確認してみましょう。

そして、それぞれのインテリアの傾向を把握し、快適な住まいを築くためのヒントを探してみてください。

Life Stage A

気兼ねのいらない自由な1人暮らし

☑ インテリアは自分の好みでアレンジ自由！
☑ コンパクトな間取りが、場合によってはややネック

1人暮らしの魅力は、なんといってもインテリアを自由に楽しめるところ。自分だけの居住空間なので、誰にも気兼ねすることなく、好きな雑貨や家具を揃えて自在なアレンジを施せます。その分、失敗もつきもの。制限がないからこそテイストが散らかりやすく、家具や小物がちぐはぐな印象になってしまうこともしばしばあります。

また、1人暮らし用のコンパクトな間取りだと、物をあまり置けなかったり、家具のレイアウトが難しいといったデメリットも。しかしながら、試行錯誤を繰り返し、失敗したらすぐリカバリーできるのも、1人暮らしのよいところです。いつか誰かと一緒に住むときのための練習だと思って、いろいろなことに挑戦してみるのもいいでしょう。

Life Stage B

理想が広がる同棲カップル・夫婦2人暮らし

- ☑ 2人だからこそ広がるインテリアの楽しみ
- ☑ パートナーと好みが異なるのが悩み

一般的に、1人暮らしのときよりも広い部屋に住む方が多いはず。その分、家具やレイアウトの選択肢が増えて、インテリアをもっと幅広く楽しめるようになります。

一方で、パートナーと好みが合わないと少し大変。インテリアのテイストはもちろん、育ってきた環境によって、お互いがしっくりくる家具の配置や収納場所なども異なります。**2人が心地よく過ごすために、この機会に、丁寧にすり合わせることが大切**。子どもができて家族が増えた後では、そうした時間を取ることも難しくなってくるからです。どうしても好みが合わない場合も、あきらめずに、2人の妥協点を探りましょう。住まいについて話し合うことは、お互いのことをよりよく知るチャンスでもあるのです。

Life Stage C

小さな子どもとの家族暮らし

☑ とにかく部屋が片付かない！ インテリアに気を配れない

☑ オシャレさよりも暮らしやすさを優先する

子どもができると、住環境もがらりと変わります。オムツやベビーカーなどの物が増え、それらを収納するスペースも新たに必要になるでしょう。何より、ライフスタイルが大きく変化し、家事や子育てに追われながら、毎日が目まぐるしく過ぎていきます。片付けても片付けても、10分後にはまた散らかってしまう……。そんな状態を繰り返し、思い描く理想の住まいとは程遠いものになってしまうかもしれません。

でも、この時期は「無理をしない」ことが一番大切です。特に、赤ちゃんとの新生活は、生活リズムに慣れることが最優先。**求めるインテリアの理想を下げて、「散らかっていることが普通」と気楽に構えることも必要です。**気持ちにゆとりがあるときに、無理なくインテリアを楽しみましょう。

Life Stage D

成長期の子どもとの家族暮らし

☑ 物が増えて部屋が片付かない
☑ 子ども部屋のインテリアをどうする？

子どもの成長と共に頭をもたげてくるのが、〝物、増えすぎ〟問題。子どもの衣類や学校教材、洗面所に置く消耗品など、とにかく物が増えて悩ましいのがこの時期です。それぞれの収納場所を確保して、散らかり防止のために、**「どこに何があるのか」を家族ときちんと共有することが大切です。**

子ども部屋のインテリアをどうするか。これもこの時期の新たな悩みであり、楽しみでもあります。子どもの好みが確立されてきたら、理想の子ども部屋について、親子で話し合うのも楽しい時間でしょう。基本的には子どもの好みを尊重すべきですが、「全部黒がいい！」となると、気持ちがどんより沈みがちな部屋になってしまうかも。**子どもの意見に耳を傾けつつ、心身が健やかに成長できるようなインテリアに導いて**あげたいですね。

Life Stage **E**

余った部屋を無駄にしない、シニア夫婦暮らし

☑ 一時的に物は減るけれど、油断するとまた増える
☑ 部屋に意味を持たせることの大切さを知る

子どもが巣立つと、再び、夫婦2人暮らしが始まります。一時的に物が減って部屋はスッキリと片付きますが、油断するなかれ。歳を重ねると、体力の衰えと共に〝物を捨てられない〟問題が出てきて、古い家具や雑貨、思い出の品、親の遺品などで部屋が埋まってしまう傾向にあります。さらには、そうした物たちを空いた部屋に押し込んで、物置部屋をつくる人も多いよう。でも、これはあまりおすすめしません。

子どもが巣立ち、空いた部屋があれば、孫が遊びに来たときの〝孫部屋〟にするなど、**部屋に意味を持たせましょう**。住まいを心地よいものにするため、また、次の世代に負担をかけないようにするためにも大切なことです。その中で**少しずつ、不要な物を整理する習慣を身につけましょう**。

自分軸で叶うインテリアを楽しむ

理想の住まいを築くには、自分のライフステージを知ること。同時に、**自分の時間と労力を、どれくらい住まいに費やせるかを考える**ことも、とても大切です。

オシャレな人のSNSには、センスのよい家具や雑貨に囲まれ、家事も完ぺきにこなしたステキな暮らしぶりが、毎日のように投稿されています。この人たちには、それができる時間と労力があるからです。あなたがもし、毎日仕事をして、家事をして、子育てもしているのであれば、住まいを常に完ぺきに整えることは、きっと難しいでしょう。また、それをする必要もありません。**インテリアは、自分軸で楽しむものだからです**。

もちろん、理想の住まいのイメージを持つことは重要です。日差しが溢れる部屋に、軽やかに揺れるレースのカーテン。フラワーベースには季節の花が添えられ、お気に入りのソファを彩る買ったばかりのクッションたち。そのイメージを明日からすべて実現しようとするのではなく、**マイペースに、少しずつ近づけていけばOK**。長い時間をかけて、住まいの小さな変化を楽しむことは、豊かな時間につながります。
私がよく実践するのが、インテリアを可視化する方法。新たに小物を飾ったり、家具の配置を変えたりしたら、写真に撮って、フレーム越しに見てみます。「写真で見てもステキ！」「ちょっとイメージと違うかも……？」。そんなふうに住まいを客観的に眺めることで、新たな発見もちらほら。画像は自分で楽しむのはもちろん、家族や友人と共有したり、インテリアのアプリに投稿してみたりするのもおすすめです。

大事なことなのでもう一度。

インテリアは、自分軸で楽しむものです。

心地よく暮らすためのインテリアが、「毎日キレイにできない」「あの人に比べてセンスがない」などとネガティブな気持ちを誘う原因になってしまっては、本末転倒。自分のライフスタイルとのバランスをよく考えながら、無理のないペースで理想の住まいを目指しましょう。

Chapter

1

オシャレな部屋にするための10のルール

さあ、ここからは、誰でも簡単に実践できる
インテリアの10のルールをご紹介。
このルールを知っているだけで、
部屋の印象がガラリと変わります。

ルール 1

部屋づくりのスタートは床&建具の色をチェック!

Check your room's fittings × floor color

床と建具の色で部屋の印象の8~9割が決まる

例えば、畳と障子が設《しつら》えられた、シックな和室を想像してみてください。ここに、ヨーロッパ風のデコラティブな家具を合わせても、少々ちぐはぐな印象になりますよね。**床と建具(ドアやふすまなどの総称)の色や素材は、部屋づくりでまず意識すべき重要な要素。インテリアに何も手を加えなければ、その部屋の8~9割の印象を決める**と言ってもいいでしょう。

ただし、あまり難しく考える必要はありません。まずはあなたの部屋の、床や建具の色を見てみましょう。同じフローリングでも、ベージュ、ブラウン、白、グレーなどさまざまな色がありますが、それらと家具の雰囲気が合っているかどうか、チェックしてみてください。

このとき、「床がブラウンだから、家具もブラウン」などと統一する必要はありません。むしろ、すべてブラウンで揃えると、統一感が出る一方で、やや圧迫感のある部屋になってしまうかも。例えば、床が落ち着いたブラウンなら、家具は明るく、壁と同化するような色を選んで軽さを出すのも手。あるいは、真っ白なフローリングの床なら、雰囲気を和らげるために、木の家具を取り入れてもいいでしょう。その際、家具を建具の色味と合わせると、部屋に統一感が出ます。

このように、部屋づくりのファーストステップとして、床と建具の色や素材を少し意識してみると、しっくりくる家具のヒントが見つかります。注意したいのは、冒頭の「畳に障子×デコラティブな家具」のように、あまりにもテイストがかけ離れた組み合わせにしないこと。異なるテイストをセンスよくまとめる方法もありますが、上級者向けといえます。

また、**床や建具の雰囲気から、その部屋にマッチしたインテリアのジャンルを導き出すこともできます**。インテリアのジャンルについては、P29の表をご参照ください。もっと種類はありますが、ここでは、近年人気のものをピックアップしてみました。「カフェ風のリビングが憧れ」「韓国風インテリアにしたい！」などなど、部屋の理想のジャンルがあれば、床や建具とマッチするかイメージしてみましょう。

例えば、**床や建具が濃い色**の場合、合わせやすいのは**インダストリアル、**

ホテルライク、シンプルモダン、ミッドセンチュリーなどのジャンル。落ち着いた雰囲気の空間には、ヴィンテージや上質感があるデザインの家具がよく合います。

床や建具が薄い色なら、**スカンジナビアン、ナチュラルなど、比較的シンプルなジャンル**。流行りの韓国風インテリアやボヘミアンスタイル、シャビーシック（使い古された味のあるテイスト）な雰囲気の物も、明るい空間にマッチします。

畳や引き戸、ふすまの部屋なら、**和モダン**にまとめて、床や建具の雰囲気を活かしてみて。やや難易度は上がりますが、ヴィンテージやアンティークを取り入れたミックススタイルもおすすめです。

ただし、これらはあくまでご参考程度に。「床が畳だから、ナチュラルテイストは無理！」なんてことはないので、ご安心ください。床や建具が理想のジャンルと異なり、それがどうしても気になる場合は、小物でいくらでもリカバリーできます。大きなラグやクッションフロア（シート状の床材）を床に敷いて、部屋の印象をガラリと変えてみるのもおもしろいでしょう。

まずは部屋にもとからある床や建具から、理想の部屋のイメージを膨らませてみてくださいね。

〈 人気の高い主なインテリアジャンルと特徴 〉

ジャンル	イメージ	イメージカラー	相性のよい素材・アイテム	特徴・部屋づくりのコツ
スカンジナビアン	モダン/シンプル/ナチュラル/快適/居心地がいい/癒やし/温かみがある	・アースカラー	無垢材/曲木/ポスター/キャンドル/ファブリック/暖炉/ドライツリー/観葉植物	明度の高い木材の家具とやさしいアースカラーの色使いでまとめる。自然光を取り入れた明るい部屋づくりを。自然素材、曲線を多く取り入れ、抽象的なポスターを飾るのも◎。
インダストリアル	無骨/ヴィンテージ/工業的/かっこいい	・黒 ・シルバー ・ブラウン	アイアン/レンガ/コンクリート/古材/スチール/レザー/ラスティックな物(古材の再利用など、粗削りでヴィンテージ感のある素朴な木材)/パレット	無機質で工業的な要素を持つインテリアで、カフェのインテリアにも人気。飾り気のない無骨で工業的な家具や照明を使い、クールにまとめるのがコツ。ツヤ感のある物よりは、マットな仕上がりの物を使うとうまくまとまる。
ナチュラル 韓国風、ボヘミアン、シャビーシックも含む	自然/やさしい/淡い/かわいらしい	・白 ・ベージュ ・アースカラー	ファブリック/ドライフラワー/バスケット/ラタン/流木/キャンドル/フラワーベース/ポスター/マントルピース	白をベースに、明度の高いベージュカラーなどアースカラーでまとめる。ドライフラワー、キャンドル、ラタン家具やフラワーベース、トレイなど自然素材の小物を取り入れ、ふんわりとしたイメージでまとめる。
ホテルライク アーバンモダン、モノトーン、シンプルモダンなど	スタイリッシュ/高級感/シンプル/シック	・モノトーン ・ゴールド ・シックなカラー	大理石/真鍮/メタリック/デザイン性の高いテーブルライト&フロアライト/ミラー/観葉植物/間接照明	生活感を排除した上質なホテルのようなインテリア。モノトーンやアースカラーでまとめ、快適なソファやベッドに、コーディネートされた上質なベッドリネンが特徴。家具をシンメトリーに配置し、非日常感を演出するのがポイント。
ミッドセンチュリー	レトロ/ポップ/ヴィンテージ	・ブラウン ・カラフル	デザイナーズ家具/アクセントウォール/サンバーストデザインの時計/ヴィンテージ感のあるテーブルライト/ウォールデコ/FRP/プライウッド	1940~1960年代にデザインされた家具やヴィンテージ家具を使い、風合いや経年変化を楽しむインテリア。アクセントウォールや家具の色で色を加えることが多い。落ち着いた色味の家具に、アクセントカラーをポイントで。飾りすぎに注意。
ジャパニーズ 和モダンも含む	静寂/落ち着き/伝統	・白 ・ブラウン ・グリーン ・アースカラー	畳/土壁/漆喰/障子/竹/い草/籐/和紙/石/国産木/御影石/玉砂利/ローテーブル/簾戸	日本の伝統を取り入れたインテリア。和室文化の後退から、最近では洋室に和の要素を取り入れた和モダンも人気。国産の素材を中心に用いて、色を抑えてまとめるのがポイント。

ルール 2

部屋の色は3〜4色にしぼる

Limit the colors in your room to three or four.

「白」と「ブラウン」が基本 残る2色は「自然界にある色」を取り入れて

インテリアにおいて色は、その部屋の印象を決定づける重要な要素の1つ。洋服も色によって、着ている人の印象が大きく変わりますよね。「部屋がゴチャゴチャして落ち着かない」「どこかのっぺりとしてあか抜けない」……そんなお悩みを改善するためのカギは、色選びにあるかもしれません。

試しに、今、あなたがいる部屋に、どのくらいの色が使われているか数えてみましょう。家具はもちろん、床や壁の色もカウントしてください。ブラウンやベージュなど、同系色はまとめて1色としてOKです。小物や雑誌、飾ってある花の色などを含めると、想像以上に色数があることに気づくのではないでしょうか。

基本は、部屋に使う色数は、3〜4色にしぼること。これ以上あると、カラーバランスのテクニックがない限り、雑多な印象を与えてしまいます。「3～4色は少ない！」と感じたら、雑誌や小物類を、カゴやラックに収納してみてください。色数を減らすだけでなく、散らかり防止にも役立ちます。

しぼった色に注目してみると、大体のケースで、壁の「白」や家具の「ブラウン」が含まれていると思います。では、残り2色を何色にするべきか。おすすめは、**海や山を連想させるような「自然界にある色」を取り入れる**ことです。例えば、観葉植物を置いて「緑」をプラスするのもいいでしょう。

観葉植物があるだけで、なんとなく部屋がオシャレになる。それはみなさん、すでに実感されていることでしょう。さほど場所を取らないのでディスプレイしやすく、置くだけでステキなインテリアに。室内で植物を育てるよろこびも味わえます。色選びに迷ったら、まずは観葉植物を手に取ってみましょう。どんな物がよいかはP112に詳しく解説してありますので、ご覧くださいね。

自然の緑は、部屋をあか抜けさせるだけでなく、住む人の心を癒やすメリットもあります。そういう意味では、**自然を連想させる「カーキ」や「ベージュ」、「ブラウン」といったアースカラーも、どんな部屋にもなじみやすく、暮らしをやさしく彩ってくれる**のでおすすめです。

赤やピンク、黄など、原色のパキッとした色がお好みの方は、アクセントとして小さいスペースで取り入れるのが無難です。大きな家具やカーテンなどを主張のある色にしてしまうと、飽きたときに……さあ大変！　この辺りは、次のルール3で詳しく解説しましょう。

カラフルな色をメインに置きたければ、おすすめなのが、**グレイッシュカラー**。グレイッシュブルーやグレイッシュピンクなど、ややスモーキーでグレーがかった色味のことです。こちらもアースカラー同様、部屋になじみやすく、やさしい印象を与えてくれます。グレーは単体でも、他の色と混ざっても、インテリアにかなり使える優秀な色といえますね。

ちなみに、透明色は、色数にカウントしなくてOKです。ガラス天板のテーブル、クリアのフラワーベースなど、視線が抜けて軽やかな印象を与える透明色のアイテムは、どんどん使っていきましょう。一方で、黒は取り入れ方に少し注意が必要。黒は引き締め効果があり、インテリアにまとまりを与えるメリットがありますが、多用しすぎると部屋が狭く見えてしまうデメリットも。また、その空間で毎日暮らすことを考えると、心理的に落ち込みやすくなるなどの懸念もあります。

下から上へ明度アップ
暗い色の家具は床に近い位置に

家具などで黒を取り入れたい場合は、テレビ台やローテーブルなど、低い位置に置くのがおすすめです。ここで少し、色と位置の関係性についてお話ししましょう。

黒い服には着やせ効果があるように、暗い色は空間を引き締めて見せ、明るい色は広く見せる効果があります。黒などの暗い色を家具で取り入れる際は、床に近い位置に置けば天井が高く見え、安定感がある開放的な空間を演出することができます。逆に、天井に近い位置に置くと、やや圧迫感のある空間に。寝室のように、どっしりとした落ち着きのある空間を演出したい場合はよいかもしれません。

この法則を踏まえて、インテリアの色は、下から上にいけばいくほど明度が上がるように意識すると、空間に開放感が生まれます。**よくいる部屋ほど、暗い色は、なるべく床に近い位置に置く**よう心がけてみてください。

ルール 3

アクセントカラー&トレンドは小物に投入する

Accent colors and trends on accessories.

基本は1色投入。濃淡や色相の効果をうまく使って

先ほど、原色などのアクセントカラーは小さいスペースで取り入れるべきとお伝えしました。真っ赤なソファは確かにかっこよくてオシャレですが、飽きやすいのも事実です。

断言しましょう。**好みは必ず変わります。**

今はお気に入りでも、5年後、10年後、ずっと同じ気持ちでいられるでしょうか? もし「飽きたかも」と感じたら、イヤでも目に入る大きな家具は、日々のストレスとなってあなたを苦しめます。

そういう意味でも、処分や買い替えが大変な大きな家具やカーテンは、ベーシックカラーの物を選ぶのが基本です。**主張が強いアクセントカラーは、クッションなどの小物や、テーブルライトなどの小さな家具で取り入れるのが◎**。いずれは「古い」と感じてしまうかもしれない、

Point　色相環からアクセントカラーを決める

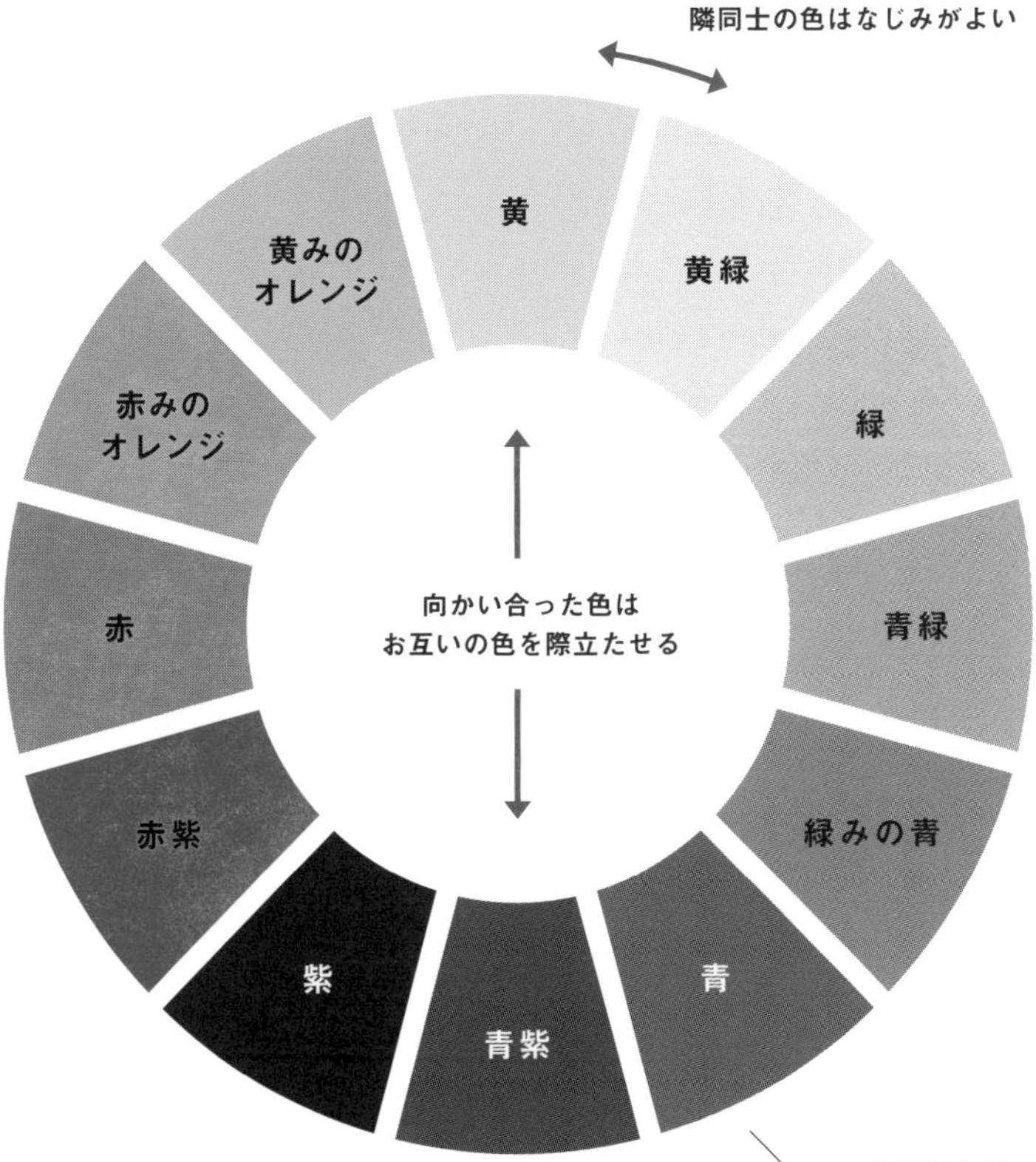

色相環とは

基本的な色（色相）を環（わ）に並べたもの。基本となる赤、青、黄色からの色の移り変わりを表します。

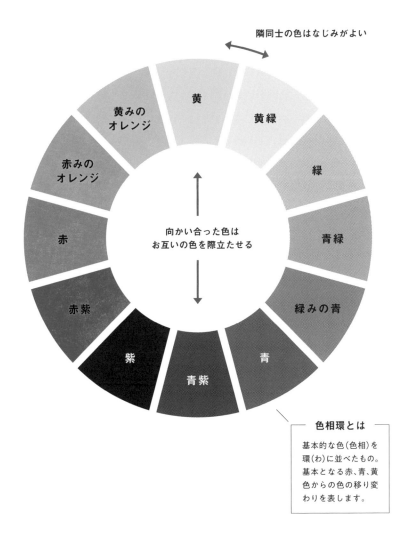

トレンド感が強いデザインの物も同様です。どうしても大きな家具に取り入れたい場合は、カバーなどファブリックで変化をつけたり、レンタル家具を利用したりして、手軽に取り換えられるようにしておくのも手です。

アクセントカラーを入れるなら、**まずは1色からトライ**。**その1色のグラデーションをうまく見せると、部屋がグッとあか抜けます**。例えば、ソファにクッションを3つ並べるなら、濃い赤、薄い赤、赤みがかったベージュといったように、濃淡のリズムをつけてみる。同系色なら「3〜4色にしぼる」ルールからも外れず、空間にメリハリをつけられます。

もし複数のアクセントカラーを使いたいなら、前ページの**「色相環」**を参考にしてみてください。隣同士に配置された色は、同系色でなじみがよく、インテリアに用いてもバッティングしません。反対に、向かい合って配置された色は、色相差が最も大きく、お互いの色を際立たせます。オシャレに取り入れる方法もありますが、シンプルにまとめたい場合は、同系色がおすすめです。

アクセントカラーを選ぶ際は、**色の効果を考えてみる**のもアリ。例えば、オレンジは朗らかさや温かみのある空間を演出し、紫は安眠や心の鎮静を促します。それぞれの色の特徴を知り、それを基準にインテリアに取り入れてみるのもおもしろいですね。

Point　色の効果からアクセントカラーを決める

赤	オレンジ	黄
・熱い ・エネルギッシュ ・興奮作用	・温かい ・朗らか ・前向きさを与える	・明るい ・よろこび ・コミュニケーションを良好にする

緑	青	紫
・おだやか ・自然な ・安らぎ ・安定	・クール ・誠実 ・鎮静 ・食欲低下	・個性的 ・神秘 ・感情を癒やす ・安眠 ・鎮静

ピンク	白	黒
・かわいい ・やさしい ・幸福感 ・心身をほぐす	・清楚 ・純粋 ・軽やかに見せる	・高級感 ・モダン ・重く見せる ・暗い気持ちにさせる

ブラウン	グレー
・ぬくもり ・安らぎ ・心身のリラックス ・安定	・上品 ・落ち着き ・スタイリッシュ ・対人ストレス軽減 ・エネルギー低下

迷ったときは……

"自然界にある色"を選んで！
癒やしを感じやすく落ち着きます。

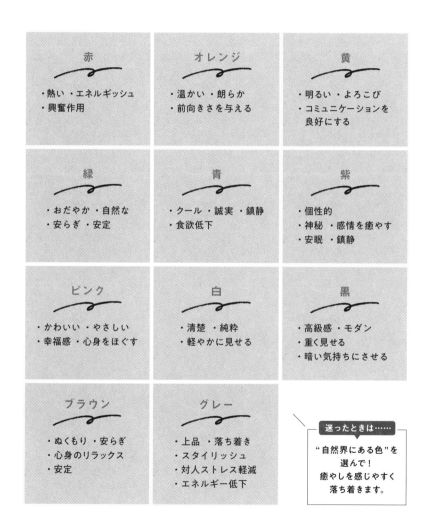

ルール 4

死角収納で生活感をオフ

Use invisible storage to eliminate lived-in feel.

物は無理に〝隠す〟のではなく〝視線から外す〟という発想に

理想は、物が整然と片付いたスッキリ空間。でも、なんでもしまい込んでしまうと、いざ使う際に取り出すのが手間になり、ついでに片付けるのも億劫になってしまいます。〝見せる収納〟ならパッと手に取りやすいけれど、ホコリが溜まりやすいのがネック……。自分に合った収納スタイルって、意外と難しいものです。

そこで私がおすすめしたいのが、死角収納。普段は、人の視線に入りにくい位置に、物を収納する方法です。

例えばわが家では、リビングの中心にある棚に、掃除用具をまとめて収納しています。ここは、リビングのドアから見えるものの、近寄らないと掃除用具を入れた収納ケースの中は見えないようになっています。さらに、リビングからも洗面所からも近いので、思い立ったときにすぐに掃除道具を取り出せるのがポイント。しまうのもラクちんです。

収納ケースを上から覗くと……

掃除用具や洗剤がぎっしり！

また、玄関奥のちょっとしたスペースをクローゼットとして活用しているのですが、ここでも死角収納が活躍しています。扉を開けて目に入るのは、ハンガーにかけられたシャツやワンピースなど。私が持っている服は白やベージュのナチュラルカラーがほとんどなので、それらをグラデーションになるように並べて、スッキリと見せています。

でも、さらに奥に進んで死角になっている部分を覗いてみると、カラーボックスにバッグや小物など、かなりの量のアイテムが収納されています。入り口から見た光景とのギャップに、自分でも驚くほどです。

このように、**死角を活かして、使う物を使う場所の近くに収納するのが死角収納**。さっそく、部屋の中に死角スペースがないか探してみましょう。デッドスペースはもちろん、冷蔵庫の側面や家具と壁のすき間、リビングのドアから直接は見えない家具の向こう側といった、フックなどを活用すれば物を収納できる場所も含めると、死角スペースは意外とあるものです。完ぺきに隠れなくても、**動線上で目に入りづらい空間であればＯＫ。なるべく使う場所の近くに収納できるとベスト**です。

死角収納は、隠す収納でもなく、見せる収納でもない、いわば〝見せない収納〟です。あなたの家の死角スペース、ぜひご活用ください。

それでもしまえない場合は、インテリアの一部にしてしまう

洗剤やティッシュなどは、出しっぱなしだと生活感が出てしまうけれど、頻《ひん》繁《ぱん》に使うので収納しづらいアイテム。それならいっそ、オシャレなボトルやケースを購入して、インテリアの一部にしてしまうのも手です。多少の出費にはなりますが、ずっと使える物ですし、出しっぱなしでも生活感をオフできるのならコスパのいい買い物ではないでしょうか。

本質的な意味で、インテリアと収納に境目はないと考えています。洗剤やティッシュも、見せ方を変えれば、部屋をあか抜けさせる立派なインテリアに。また、数ある収納グッズもきちんと吟味すれば、置きっぱなしでも、どこか様になります。

収納もインテリアとして楽しめるようになれば、グッと家事がしやすく、気持ちもラクに。死角に収納できない物は、発想を逆転させて、「どうやってオシャレに見せようかな？」と考えてみてもいいかもしれません。

ルール 5

ざっくりとエリア分けして〝物が戻れる場所〟をつくる

Roughly divide the area and create a "place where things can be returned".

「これはここ！」と自分１人で決めることなかれ

死角収納にせよ〝見せる収納〟にせよ、基本的に、**よく使う物ほどオープン収納が便利**です。

例えば、頻繁に使う物をフタ付きのケースに収納してしまうと、毎回「フタを開ける」というワンアクションが思いのほか手間になります。さらに、そのフタ付きケースを重ねてしまえば、出すたび、しまうたびにいちいちケースを下ろして……という動作がますます億劫に。よく使う物ほど、サッと出せてサッとしまえるシンプルな収納システムで管理しましょう。

それから、よく耳にするのが、「どこに何をしまったかわからなくなる！」というお悩み。これを解決するには、物のおおよそのエリア分けをすることです。

リビングの棚は文房具コーナー、薬コーナーはキッチンの近く……といった具合に、同じジャンルの物は決めた場所にまとめて収納しておくと、「どこにしまったっけ？」ということが少なくなります。**私たちに帰る家があるように、物にも、戻る場所をきちんと確保してあげる**のです。

加えて、それを家族と共有して、習慣づけておくことが何よりも大切です。ここで注意したいのが、お母さん1人が「ここにこれを置くから、ちゃんとしまってね」と決めてしまわないこと。**ぜひ、お子さんを含めた家族全員で相談しながら収納場所を決めていってください。**

自分にとって便利な場所でも、お子さんにとっては位置が高すぎるかもしれない。あるいは、ご主人にとっては、スペースが狭すぎて出し入れが億劫かもしれない。そんなふうに、家族それぞれの目線や動線は違うものです。「この場所が便利かも」「文房具がここじゃ覚えづらい」……そんな意見をやりとりしながら、家族みんなが使いやすい収納の形を見つけてくださいね。

収納はトライアンドエラー

「物がゴチャゴチャと入った引き出しや棚。収納ボックスを活用して整理したいけれど、どこから手をつけたらいいの?」

そんなふうにお悩みの方へ。ここでは、インテリアのルールとは直接関係ありませんが、収納を見直す際の簡単な手順をご説明します。

❶ 物を全部出して、グループ分けをする

引き出しなどに詰め込まれた物を、いったんすべて出しましょう。そして、「よく使う物」「あまり使わない物」「もしかしたら、ずっと使わない物」にざっくりグループ分けをします。

❷ 棚に収納ケースを並べ、よく使う物から入れていく

お持ちの収納ケースを棚に並べて空間を仕切り、一番取り出しやすい場所に、よく使う物から順に入れていきます。このとき、出し入れの動作をしてみて、「取り出しやすいか」「引っかかったり崩れたりしないか」を確認すること。出し入れしづらく感じたら、収納ケースの位置を変えるなど、トライアンドエラーを。

❸あまり使わない物、ずっと使わない物を入れる

取り出しにくい位置に、あまり使わない物を入れます。スペースに余裕があれば、ずっと使わない物も収納を。ただし、今後増える物のために、余白を残しておくことも必要です。

❹取り出す、しまう動作に問題がないか最終チェック

出し入れの動作の最終チェックをして、問題なければ終了です。入り切らなかった物は、処分するかリサイクルに出すか、別のスペースに保管するか検討を。

収納にお悩みの方と話していると、一度失敗するとあきらめてしまう方が多いように思います。断言してもいいですが、収納は、一度で完成することはありません。場所を変えたり、入れ方を変えたりとトライアンドエラーを繰り返すことで、ようやく理想のスタイルを見つけられるもの。現に私も、隠す収納、見せる収納、死角収納……と、いろいろな収納を渡り歩いてきました（笑）。

収納は、うまくいかなくても落ち込まずに、あきらめずに！です。

ルール 6

小物の飾り方があか抜ける3つの法則

Three rules for decorating accessories in a stylish way.

法則さえ知っていればお店のようなディスプレイが叶う

雑貨そのものはかわいいのに、棚に置いてみるとイマイチしっくりこない……。そんな経験はありませんか? これ、センスの問題ではありません。**無造作に置かれているように見えても、物の飾り方には法則があるんです。**それさえ守れば、センスに自信がなくてもステキなディスプレイが完成! ここでは、そんな飾り方の3つの法則について解説しましょう。

最初は、飾るアイテムを3つにしぼってスタートします。1つだとポツンとやや寂しく、2つだとバランスが意外と難しい。逆に、4つ以上だとゴチャゴチャしやすいので、「3」は一番トライしやすい数なのです。「スペースがなくて1つしか飾れない!」という場合は、左ページをご参照ください。1つ、または2つの雑貨が見栄えするように飾るポイントをまとめてみました。

Point　足したり・ズラしたり 気分によってアレンジを楽しむ

↘ 1つ飾るなら……

壁に小ぶりのアイテムを
飾ってみる

指輪や
ドライフラワーの実など、
小さな物を置いてみる

迷ったときは……

- 飾るスペースに対して、小さすぎない物にする
- ポストカードを後ろに立てる
- 飾る物のサイズを小さくして、複数の物が置けないか検討する

↘ 2つ飾るなら……

横に並べるだけでも
イイ感じ♪

背が高い方を
後ろにズラすだけで
雰囲気が変わる

迷ったときは……

- 飾る場所に奥行きや余白がある場合、2つの高低差がかなりある場合は前後にややズラす
- 逆に、飾る場所が狭い、余白がない場合、高低差がさほどない場合には横に並べる

●三角形の法則

飾り方の法則の中でも、最も汎用性が高く取り入れやすいのが、**「三角形の法則」**です。

まず、飾る3つのアイテムですが、**高低差のある物を選んで**ください。そして、パッと見のバランスが三角形になるように並べます。

背の低い物が2つなら、中央に背の高い物を置き、低い物は両サイドの手前に置く。背の高い物2つに低い物1つなら、両サイドに背の高い物を置き、真ん中の手前に低い物を置く。高低差でリズムを取りつつ、それが三角形になるように意識すると、バランスよくまとまります。

また、上から見ても三角形が描かれているのがポイントです。**高低差にも三角形、奥行きにも三角形**。これさえ守れば、どの位置から見てもバランスのよいディスプレイが完成します。

三角形の法則は、インテリアの空間すべてに応用できます。例えば、棚にブラウンの雑貨を置いたら、その斜め下の段に別のブラウンの雑貨を配置し、さらに、三角形になるように、3つ目のブラウンの雑貨を置く。1つの棚に色を散らして配置するときも、このように三角形を意識するとしっくりきます。

Point　背の低い物を手前にして三角形をつくる

↘ 背の低い物が2つ、高い物が1つなら……

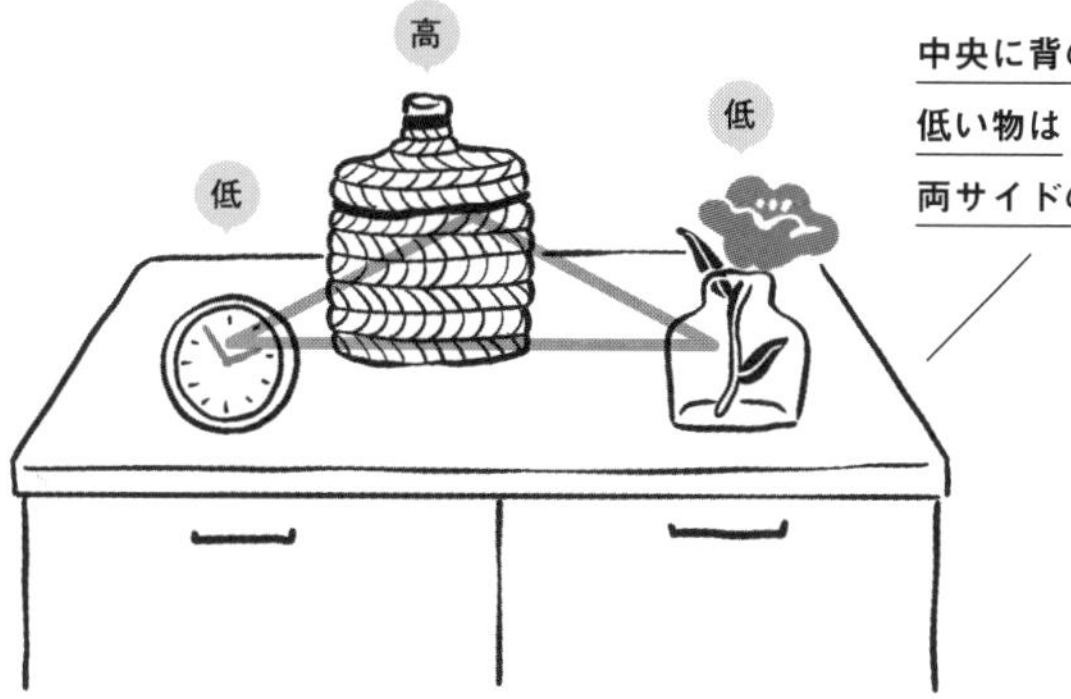

中央に背の高い物、
低い物は
両サイドの手前に置く

↘ 背の高い物が2つ、低い物が1つなら……

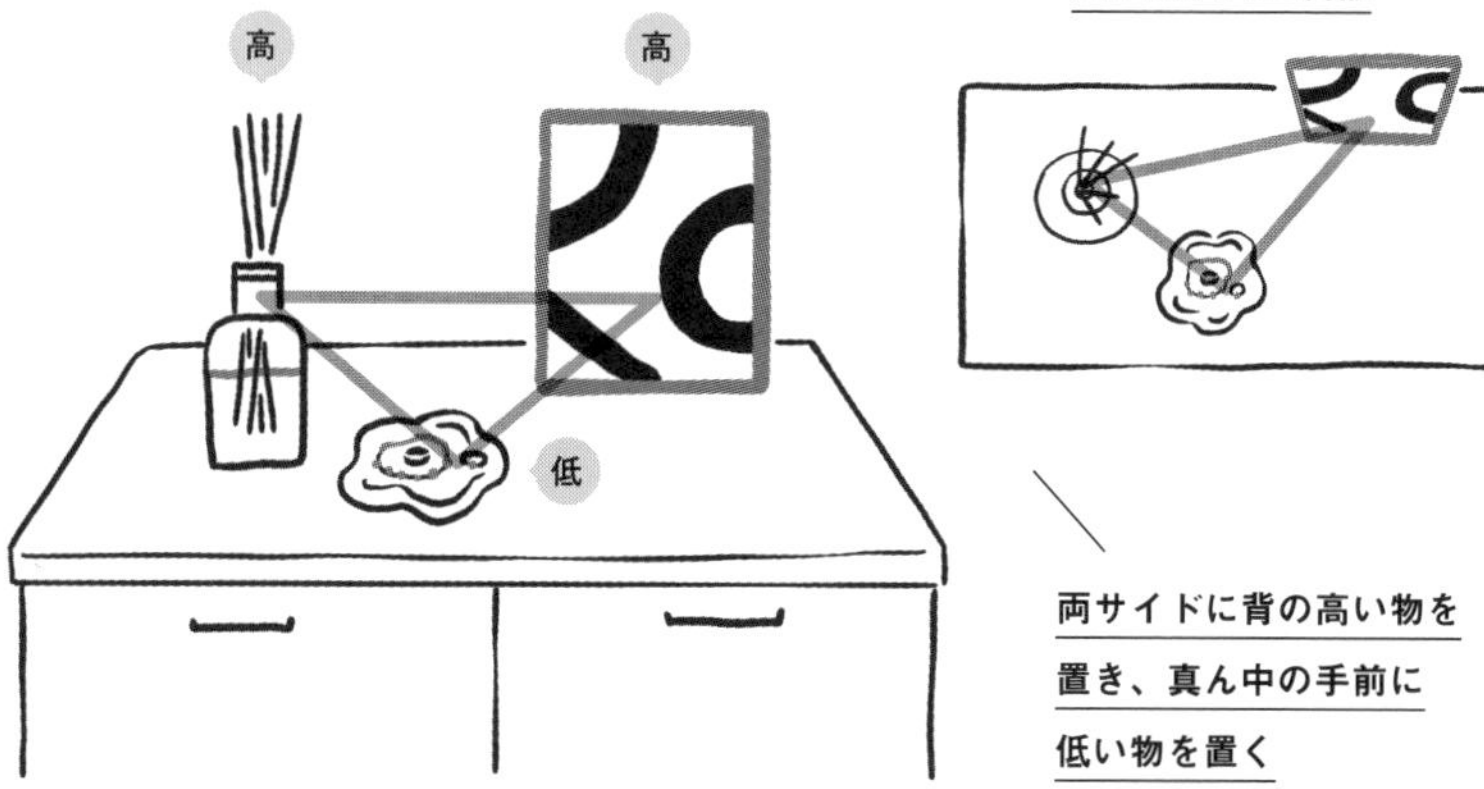

両サイドに背の高い物を
置き、真ん中の手前に
低い物を置く

● 並べる法則

「三角形の法則」よりさらにシンプルで簡単なのが、**「並べる法則」**です。

「三角形の法則」では、高低差のある複数のアイテムが必要でした。でも、おおよそ同じ形、同じサイズの物であれば、等間隔で水平に並べるだけでも不思議とオシャレに見えるんです。

ここで重要なのが、**並べるアイテムの数を3つにする**こと。

2つが水平に並べられていると、やや整いすぎた印象に。また4つ以上だと、アイテムのサイズにもよりますが、少々うるさい印象を与えてしまうかもしれません。等間隔で並べる法則を用いるなら、バランス的に3つがベストです。

形やサイズの違う3つの物に、「並べる法則」は適用されない？　実は、そうとも限りません。

この場合は、等間隔ではなく、小さい物と大きい物をバランスよく組み合わせながら、2つと1つを離してディスプレイするのもアリ。この辺りは、飾るスペースの広さにもよりますので、いろいろと動かしながら一番しっくりくる配置を探してみましょう。バランスに悩んだら、写真に撮って、何パターンか画像を見比べてみるのもおすすめです。

Point　同じ形・サイズなら一列に並べる

3つが同じ形・サイズなら
等間隔で水平に並べればOK

悩んだら写真に
撮ってみるのもアリ

● 異素材の法則

これまでは置き方にフォーカスしてきましたが、アイテムそのもののテイストに注目してみましょう。同じような素材で揃えれば統一感が出そうですが、意外と、異なる素材を合わせた方がオシャレに決まるケースが多いです。これが、**「異素材の法則」**。例えば、私の定番の組み合わせは、こんな物です。

・バスケット、陶器、ポストカード

・植物（ドライフラワーを含む）、木製雑貨、布製品

いずれも素材が違う物の組み合わせですが、ベースがシンプルで普遍的な物であれば、逆にセンスよくまとまります。注意したいのが、モチーフがはっきりした物。キャラクター物やご当地物は、主張が強すぎてテイストが散らかりがち。例えばシーサーの置物を飾りたい場合は、他の小物も南国風にして、テイストを揃えるようにするとスッキリまとまります。

素材の他にも意識したいのが**「直線と曲線」**です。直線的なアイテムは空間をスタイリッシュに見せ、曲線的なアイテムは、柔らかな印象を与えます。直線と曲線をバランスよくミックスすると、こなれた雰囲気になりますよ。

Point　素材・形・高さに変化をつける

↘ ジャンルや色のテイストが同じなら、
素材が違う物を組み合わせてもオシャレ」

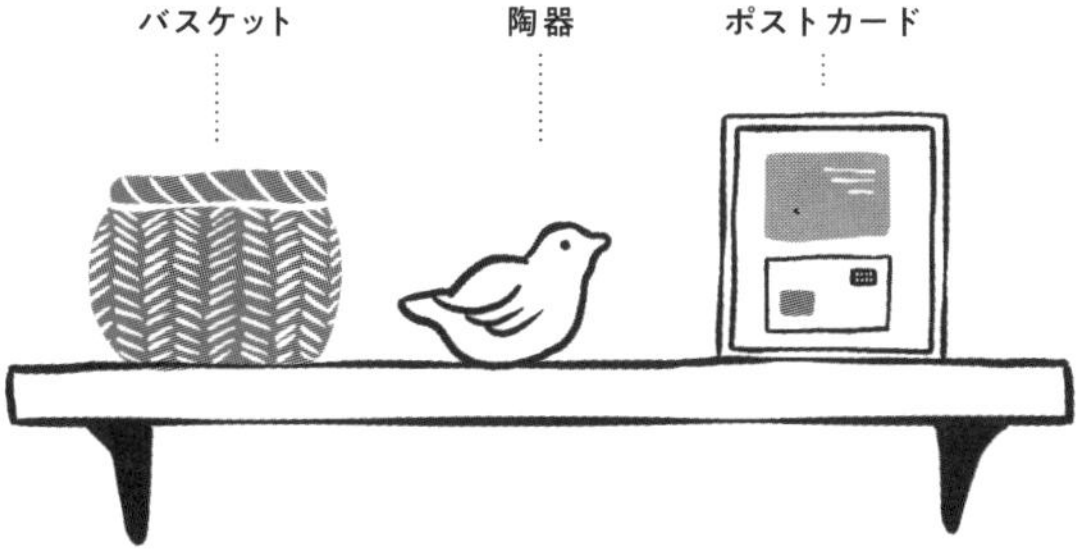

↘ アイテムの直線、曲線をミックスすればこなれた雰囲気に。
さらに、背の高い物、低い物をジグザグと交互に並べて
リズムをつければセンスアップ！

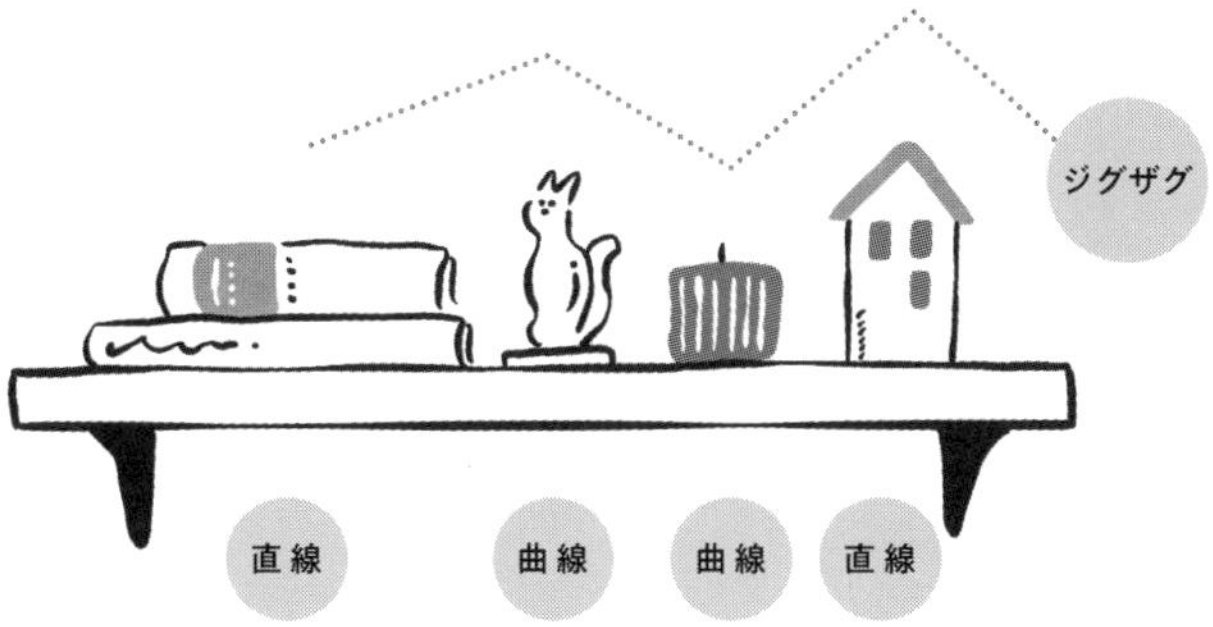

ルール 7

余白とフォーカルポイントでセンスのよい壁に

Create a tasteful wall with margins and focal points.

法則さえ知っていればステキなディスプレイが叶う

壁の装飾、どうしていますか?

ポスターや絵画、家族写真、カレンダーにファブリックパネル……。壁の全面をゴテゴテに飾ってしまっていたら、要注意。部屋の四方を囲む壁が与える印象は大きく、あまりにも装飾物が多いと、落ち着きのない部屋になってしまいます。

とはいえ、何も飾らないとなると、それはそれで殺風景な印象に。**ほどよく装飾が施されたセンスのよい壁をデザインするには、フォーカルポイント、つまり、見せ場を1か所つくる**ことです。

基本的な四角形の部屋なら、壁は4面。そのうち2面は窓やドアがあるとして、残り2面を飾るスペースとしましょう。どちらか1面、あるいは2面両方を飾ってもOKですが、全体的に飾るのではなく、1か所に飾るポイント

Point　視線が集まるところにフォーカルポイントを

↘ フォーカルポイントがない部屋

↘ フォーカルポイントがある部屋

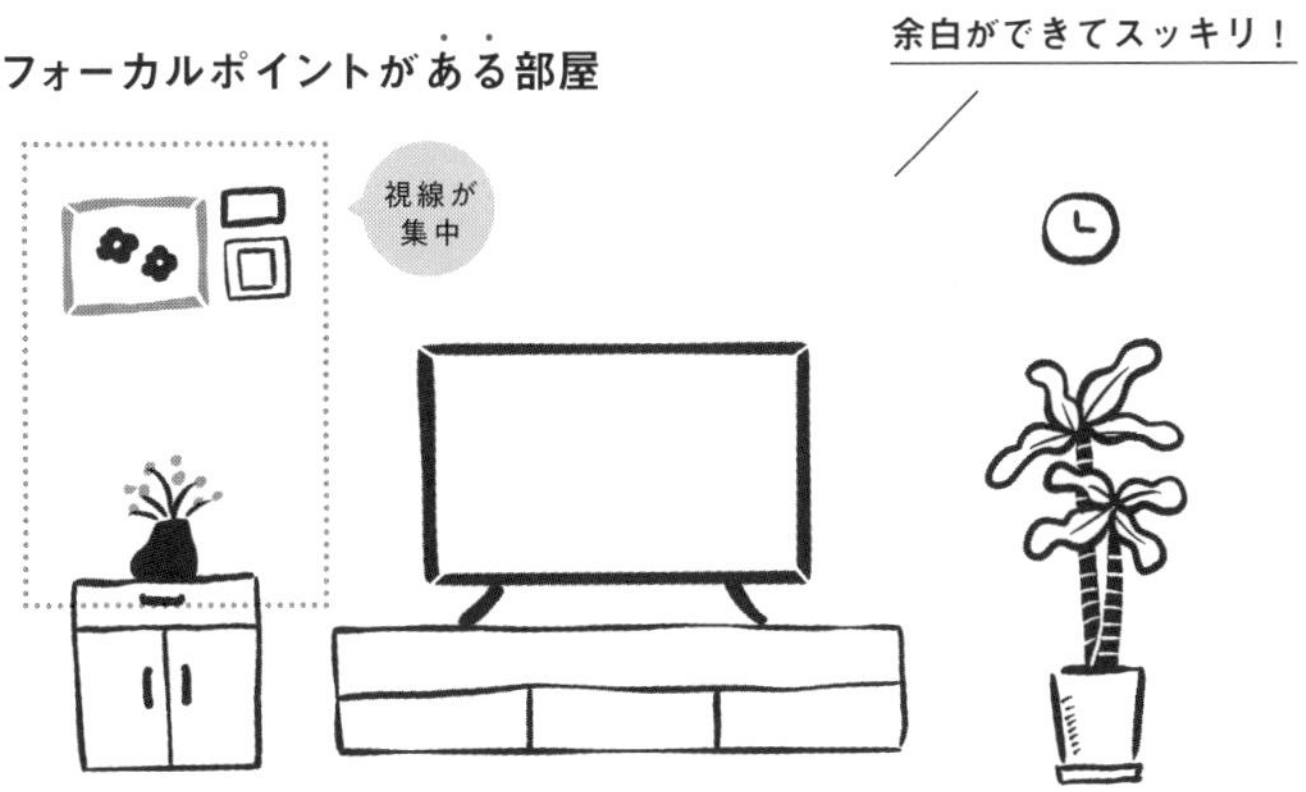

をしぼりましょう。インテリア用語では、このポイントのことを「フォーカルポイント」と呼びます。

フォーカルポイントをつくることによって、壁に余白が生まれます。壁に余白が生まれると、いっそうフォーカルポイントが際立ち、メリハリある上品な空間が生まれます。**余白と装飾、この両方を活かすことが、スッキリとしているのにセンスのある部屋づくりの基本**。また、フォーカルポイントに視線を集中させることで、その他の生活感がある物があまり視界に入らなくなるというメリットもあります。

では、どのようにしてフォーカルポイントの位置を決めるべきでしょうか。まずは、**部屋の中で一番視線が集中する場所**に狙いを定めてみてください。例えば、扉を開けたときに最初に目に入る壁。ソファに座ったときに、目の前にあるテレビの横のスペースもいいでしょう。視線が集まる場所に見せ場をつくれば、気持ちもグッと上がります。逆に考えれば、そうした場所に生活感のある物を置いてしまうと、部屋が一気に所帯じみてしまうので気をつけなければいけませんね。

フォーカルポイントが決まったら、次は何を飾るかを考えます。もちろん、あなたの好きな物で構いません。

お気に入りのポスターを飾ってもいいですし、家族の写真を飾ってギャラリー風に仕上げてもステキです。壁に何かを飾らなくても、壁際のテレビ台やチェストの上に、雑貨をディスプレイしてもOK。ルール6の飾り方の法則をご参考に、ベストな見せ方を探ってみてください。あれこれ飾るのが面倒であれば、観葉植物を置くだけでも、立派なフォーカルポイントになりますよ。

フォーカルポイントは、壁の余白に対してどのくらいのスペースを取るべきでしょうか？

もしあなたがスッキリとした部屋を目指すのであれば、**余白8割、フォーカルポイント2割**くらいのバランスを目安に考えるといいと思います。でも、これはあくまで目安です。余白とフォーカルポイントの大切さを理解していただいたうえで、心地いいと感じるバランスで、好きな物を自由に飾ってください。

めいっぱい飾って、その中で生活していくうえで、「ちょっと疲れたかも」と感じたら、少しずつ外していきましょう。その際に、「スッキリさせたいなら余白8割、フォーカルポイント2割」のバランスを思い出し、意識してみてくださいね。

ルール 8

定期的にインテリアを見直す習慣をつける

Make it a habit to review your interior regularly.

お気に入りのディスプレイホコリが溜まっていませんか？

お気に入りの雑貨をキレイにディスプレイしたはいいものの、そのまま何年も飾りっぱなしにしている方がいます。さらに、新たに購入した雑貨をどんどんディスプレイに加え、なんだか見た目もオシャレじゃなくなってしまっているケースも。さらに掃除も大変なので、気づけばホコリがうっすら溜まっていたり……。

「かわいい！」と思った雑貨は、とりあえず買ってしまう。その気持ちは痛いほどわかります。だけど、何も考えずに購入してしまうと、いざ部屋に置いてみたときに「なんかイメージと違うかも」ということにもなりかねません。

そしてなんといっても、物が増える！

物が増えることを真っ向から否定はしませんが、特に雑貨に関しては、きちんと吟味した物だけを揃えたいもの。

こうした雑貨のムダ買いや、ディスプレイの飾りっぱなしを防ぐためには、**定期的にインテリアの見直し**をする必要があります。

ディスプレイをいったんリセット！ インテリアを〝整理収納〟する

今あるインテリアを見直し、必要な物、そうでない物を分けてリセットする作業を、**「インテリアの整理収納」**と呼んでいます。棚に飾ってある雑貨や家具の位置などを見直すことで、「飾りっぱなし」や「気づけばホコリが溜まっている」状態をなくし、新鮮な気持ちでインテリアを楽しむことができます。スッキリとした空間を保つためにも、雑貨や家具を長く愛でるためにも、定期的に必要な作業です。

まずは、棚や壁などに飾ってある小物を、一度全部よけましょう。よけた場所を掃除して、小物もすべてキレイに。そして、必要な物とそうでない物を分類します。

雑貨で「必要な物」というのは、「今の気分に合っている物」ということ。

例えば、「買ったときは気に入っていたけれど、今はあんまり気分じゃない」。そんな雑貨は、無理に飾る必要はありません。

かといって、手放す必要もありません。思い入れがある品ならなおさら、ディスプレイから外しても、どこか別の場所にしまっておけばよいのです。大切なのは、**持っている物を、すべて飾る必要はない**ということ。これだけで、ディスプレイがだいぶスッキリするはずです。

分類したら、気に入っている物から順番に飾っていきましょう。数が減った分だけ、飾る物1つひとつのよさが際立ちます。見直したインテリアを新たな気持ちで楽しんで、気分転換したくなったら、また見直しましょう。

不要な雑貨を増やさないようにするには、買い物のしかたも少し変える必要があります。

「かわいい！」というインスピレーションで衝動買いするのは楽しいもの。気分もワクワクしますし、お気に入りの物がそばにあるだけで、自然と笑顔になりますよね。でも、毎回「かわいい」で買ってしまうと、それらが集まったときに不協和音を起こすことも。これを防ぐためにも、レジに並ぶ前に、「部屋のインテリアと合っているか」「他の雑貨と並べたときに浮かないか」をイメージしてみましょう。ちょうど、新しい服を買うときに、「手持ちの服と合わせやすいか」を考えるのと似ていますね。

写真も定期的に見直して、厳選した物を飾る

部屋にディスプレイされた家族写真もまた、どんどん増えていってしまう物の1つです。特に写真は視線が集まりますし、色彩も豊かですので、あまりにもギュウギュウに飾ってしまうと、部屋の雰囲気を損ねてしまう場合もあります。

写真もやはり、定期的に見直してみてください。

家族が歴史を刻めば飾りたい写真も増えていくものですが、その分、減らす検討も。お気に入りを厳選したり、「このとき、楽しかったね」という会話のネタになるような写真を飾ってもいいでしょう。

写真も雑貨と同じで、定期的に入れ替えると新鮮な心持ちに。ギャラリーが更新されれば、家族とのコミュニケーションも増えるかもしれません。

ルール 9

奥行きのあるレイアウトで部屋はもっと広く見える

A layout with depth makes your room look larger.

視線の抜けを邪魔しない家具の配置テクニック

部屋が狭いなぁと感じていても、「賃貸だから」「家具を減らせないから」とあきらめていませんか?

ちょっとしたテクニックで、今よりグッと部屋を広く見せることができます。それはズバリ、**奥まで視線が抜ける空間をつくること**。

扉を開けて、目の前に大きな窓があると、それだけで部屋が広く見えますよね。これは、視線が窓の外に抜けているから。奥行きを感じることで、空間に広がりが生まれるんですね。

つまり、部屋を広く見せるには、視線の抜けを邪魔しないような家具の配置にすればいいわけです。同じ家具でも置き方次第で、奥行きの感じ方が大きく変わってきます。

まずは原則として、中央に視界を遮るような背の高い家具を置かないこと。例えば、広い部屋の空間を仕切る目的で、大きなキャビネットなどを置くレイアウトです。空間にメリハリはつきますが、視界が遮られてしまうので、部屋が狭く感じられます。中央にそうした仕切りのための家具を置くなら、視線が奥まで抜ける低めのオープンラックにするのがおすすめです。同様に、ソファなら背面が低いものを選びましょう。

また、**扉を開けたとき、背の高い家具を手前に、低い家具を奥に配置すると、部屋に奥行きを感じられます**。奥にいくにつれて視線が抜ける、遠近法の効果を利用した配置です。1人暮らしのワンルームなどでも有効なテクニックですね。

家具が占める面積は床の3〜4割程度に抑える

あくまで目安ですが、**家具が占める面積は、床の3〜4割程度に抑えると圧迫感のない空間に仕上がります**。それより家具が多いと思ったら、ぜひ、先ほどお話しした配置のテクニックを実践してみて。また、これから家具を購入することを検討している方は、家具を選ぶときの基準に、「部屋を広く見せる物」を追加してみてもいいかもしれません。

定番ですが、白やクリアな物は、空間を広く、明るく見せてくれます。オープンラックやガラス天板のテーブルなどは、視線が抜けるので開放感が出ます。

家具の脚にも注目してみてください。ベッドなら脚付きタイプの物にすると、床下に視線の抜けができて、圧迫感が軽減されます。また、テーブルやイスの脚も、細く華奢なデザインの物ほど軽やかな雰囲気に。家具の脚が部屋に与える印象は、意外と大きいものです。

家具の奥行きのサイズに関しては、私の中でルールがあります。**棚やテレビ台など壁につけて配置するタイプの家具は、最大で奥行き40㎝まで**。いろいろと試してみた結果、奥行きが50㎝以上あると、どうもでっぱった感じがして気になってしまうんです。部屋の大きさにもよりますので、あくまでご参考までに。

「部屋が狭い！」

と嘆く前に、今ある家具で、できることがあるかもしれません。視線を上手に操って、部屋を広々と見せちゃいましょう。

Point　家具は奥行きを感じるレイアウトにする

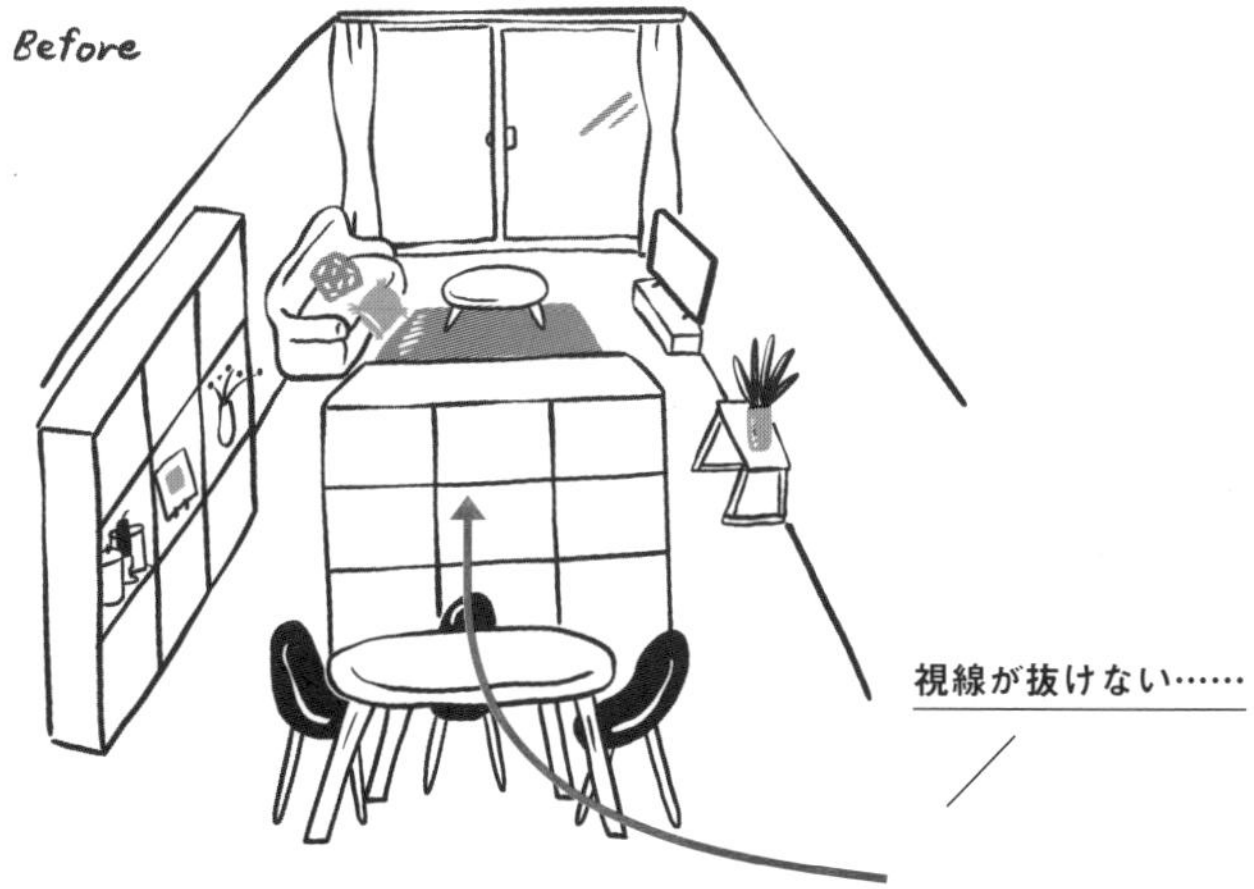
Before
視線が抜けない……

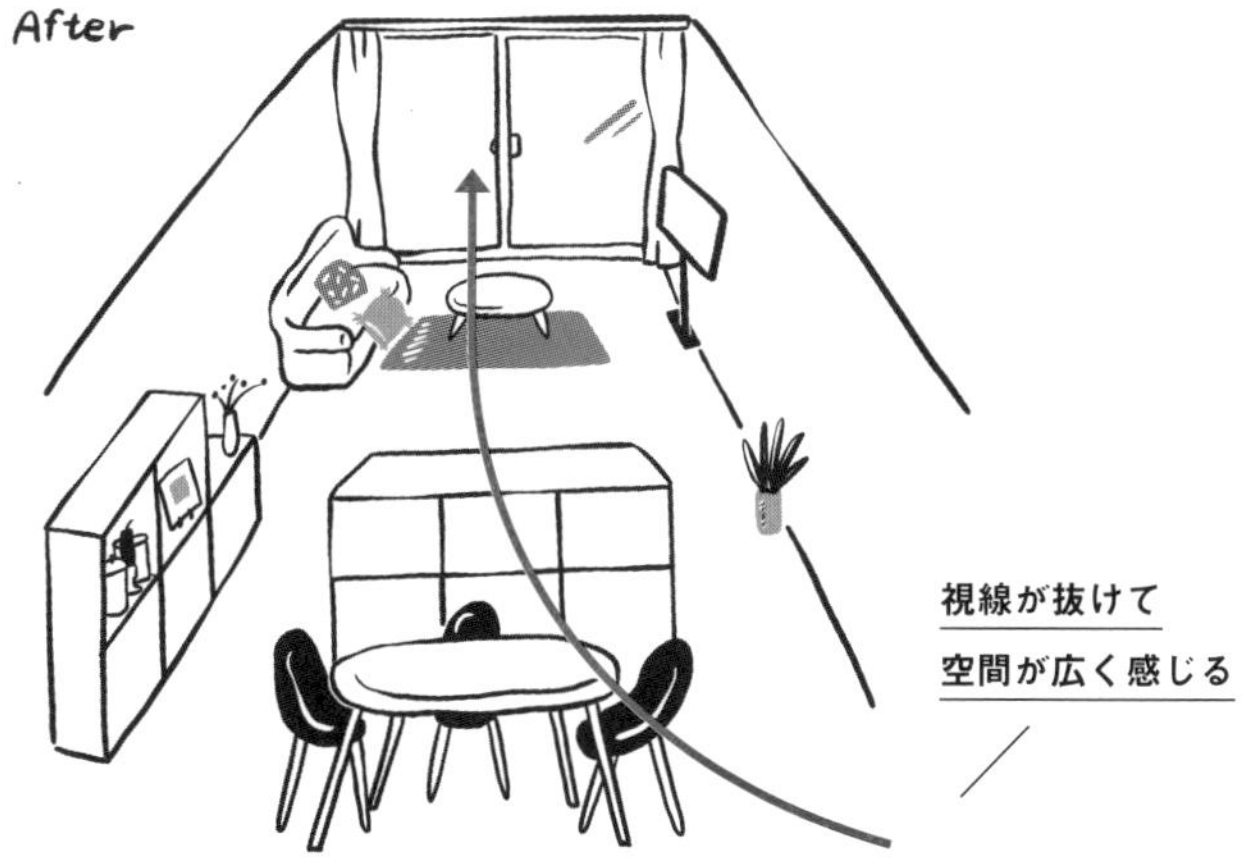
After
視線が抜けて
空間が広く感じる

ルール 10

暮らしやすさを第一に考える

Liveability is the top priority issue.

「オシャレさ」「キレイさ」は暮らしやすさの上に成り立つ

最後のルールは、**見栄えやオシャレさを重視する前に暮らしやすさを考えること**。序章でも少しお話しした内容で、この本の大きなテーマの1つです。

ひと昔前は、インテリアのことを調べるなら、本や雑誌に頼るか、自分の足でお店を探さなくてはいけませんでした。今は、インターネットの検索バーにキーワードを入れさえすれば、自分の理想の部屋のイメージがたくさん出てきます。流行のアイテムから海外の事例まですぐにチェックでき、本当に便利な時代になったと思います。

一方で、情報が溢れすぎて、それに苦しむ人が増えているのも事実です。

SNSを開けば、さまざまな流行りのインテリアで彩られた部屋が並びます。あるいは、最小限の物だけを厳選した、ミニマルな暮らしを楽しむ人も。どちらもステキな暮らし方ですが、自分に合っているとは限りません。また、SNSやモデルルームで見る部屋には、リアルな暮らしは含まれません。あくまで生活の一部分が切り取られたものであり、必要なはずの「暮らしやすさ」は見過ごされがちです。そこに理想を定めてしまうと、表面的にはステキな部屋でも、どこか居心地が悪かったり、「自分らしくない」と感じたりすることがあるかもしれません。

「友人たちに自慢できる部屋にしなくちゃ」
「SNSにアップできるようなオシャレな雑貨が欲しい」

「人からどう見られるか」だけを気にした住まいづくりは、住む人を苦しめます。そして、そこに苦しむのは、すごくもったいないことです。

思い返せば、私も、さまざまな道を通って今のわが家のインテリアにたどり着きました。

ピンクやモノトーンのインテリアにハマった10代。成人してからはナチュラルテイストが好きになり、カフェ風のアンティークな家具にも魅力を感じるように。モデルハウスのコーディネートを手がけるようになってからは、ファミリーや男性も好むようなテイストを取り入れるようになりました。

そして、熊本地震が起きたのをきっかけに、インテリアはグッとシンプルになりました。

必要以上に飾ることをやめたのは、インテリアに安全性を求めるようになったから。そして、自分自身が歳を重ね、体力の衰えを感じるのにともなって、手入れがラクなシンプル住まいがしっくりくるようになったのです。

このように、自分の変化や取り巻く環境の変化によって、インテリアの好みも必然的に変わっていきます。

そして、その大きな軸となるのは、**「暮らしやすさ」**。

部屋をスッキリ片付けるのも、オシャレな雑貨を飾るのも、家族や自分が心地よく暮らすためなのです。

インテリアは完成しないからおもしろい

これだけ長い間部屋づくりと収納やインテリアの提案をしてきても、まだまだやりたいことはたくさんあります（笑）。でも、焦らず、気負わず、誰かと比べず。完ぺきを目指さないで、マイペースに進めていこうと思っています。

Introductionでも触れた通り、**インテリアは自分のペースで楽しむもの**です。今日、いきなり理想の部屋を目指すのではなく、少しずつ進めていけばいい。家事や子育てで片付けが難しければ、散らかっている日があってもいいでしょう。物を減らせないなら、無理に減らす必要もありません。

大切なのは、「○○でなくてはいけない」と、自分を縛らないこと。ここでご紹介したさまざまなルールも、自分のスタイルに合わないと感じたら、無理に取り入れる必要はないのです。

そもそも、インテリアは、「あっちの方がいいかな？　こっちの方がかわいいかな？」とあれこれ試行錯誤している時間が一番楽しいもの。すぐに完成してしまってはおもしろくありません。そういう意味では、長い時間をかけて、少しずつ理想の住まいに近づけていった方が、住まいづくりを上手に楽しめているといえるかもしれませんね。

Column

1

狭い部屋でやってはいけない10のルール

数多く寄せられるインテリアのお悩みの中でも、特によく耳にするのが「部屋が狭い」というもの。Chapter 1でもいくつか部屋を広く見せるコツについてお話ししましたが、ここではさらに「狭い部屋でやってはいけない10のルール」をご紹介します。

まずポイント❶は、「**ダークな色を多用する**」。収縮効果のある暗い色を多用すると、部屋はそれだけ狭く、圧迫しているように感じさせます。引き締め役としてポイント的に使うのはアリですが、ベースカラーに採用するのはあまりおすすめできません。

ポイント❷「**背の高い家具を置く**」、❸「**奥行きのある家具を選んでしまう**」、❹「**視線が抜けない**」は、Chapter 1のルール9でお話しした通り。部屋を広く見せる基本は「奥まで視線が抜ける空間をつくること」なので、家具はなるべくロータイプの物を。背の高い家具や奥行きのある家具を置く場合は、空間を遮らない場所(壁際など)に配置するようにしましょう。

ポイント❺は、「**大柄のカーテンや壁紙を選ぶ**」。インテリアに柄物を取り入れる場合、原則として、柄が大きければ大きいほど部屋に圧迫感を与えます。大胆な柄物は効果的に使えばとてもオシャレですが、部屋を広く見せたいなら、やや不向き。大柄を選

〈 狭い部屋でやってはいけない10のルール 〉

NG POINT ❶
ダークな色を多用する

NG POINT ❷
背の高い家具を置く

NG POINT ❸
奥行きのある家具を選んでしまう

NG POINT ❹
視線が抜けない

NG POINT ❺
大柄のカーテンや壁紙を選ぶ

NG POINT ❻
収納家具をどんどん増やしてしまう

NG POINT ❼
床置きをたくさんする

NG POINT ❽
壁に衣類をたくさん吊るす

NG POINT ❾
窓辺のインテリア装飾が多い

NG POINT ❿
すべての壁を飾る

Column

1

ぶなら、色のコントラストが小さい物にすると主張が弱まります。

ポイント❻「**収納家具をどんどん増やしてしまう**」は、身に覚えがある人も多いのでは？ 物が散乱すると、とにかくそれを避難させるための入れ物を買ってしまいがち。でも、「収納家具があれば片付く」という考えはNGです。

その部屋に合った物の量は、必ずあるものです。物が溢れてきたら収納家具を買う前に、まずは減らせるかどうかの検討をしましょう。そのうえで必要と判断したら、もちろん購入してOKです。

物を減らすことを検討すれば、❼「**床置きをたくさんする**」、❽「**壁に衣類をたくさん吊るす**」も、必然的にクリアできるかもしれません。インテリアとしても映える床置き収納や、アパレルショップさながらの〝服を見せる収納〟は、アイデアとしては優秀です。でも、やればやるほど圧迫感が増していくのもまた事実。かわいく収納する前に、物を手放すことを検討しましょう。

ポイント❾は、「**窓辺のインテリア装飾が多い**」。窓の近くに物をたくさん置くと、せっかくの自然光が遮られ、部屋が暗くなります。出窓のインテリアなどはステキですが、置きすぎには注意が必要です。

Chapter1 のルール7でもお話ししましたが、❿「**すべての壁を飾る**」のも、圧迫感の原因に。飾る壁は多くて2面。片方にたくさん飾るなら、もう片方は少なめに……と、バランスを取りましょう。

Chapter

2

マネするだけでＯＫ！ エリア別に10のルールを実践

エリアごとのインテリアのポイントを見ていきます。
ほんの少しの工夫で部屋が見違え、暮らしやすくなる。
その感動を味わってください。

エリア

1 リビング

Living room

リビングは、家族みんなが集まる憩いの場所。
同時に、ゲストをお迎えする場所でもあります。
家族が心地よく過ごせて、来た人に落ち着きを感じてもらえる、
そんなリビングを目指しましょう。

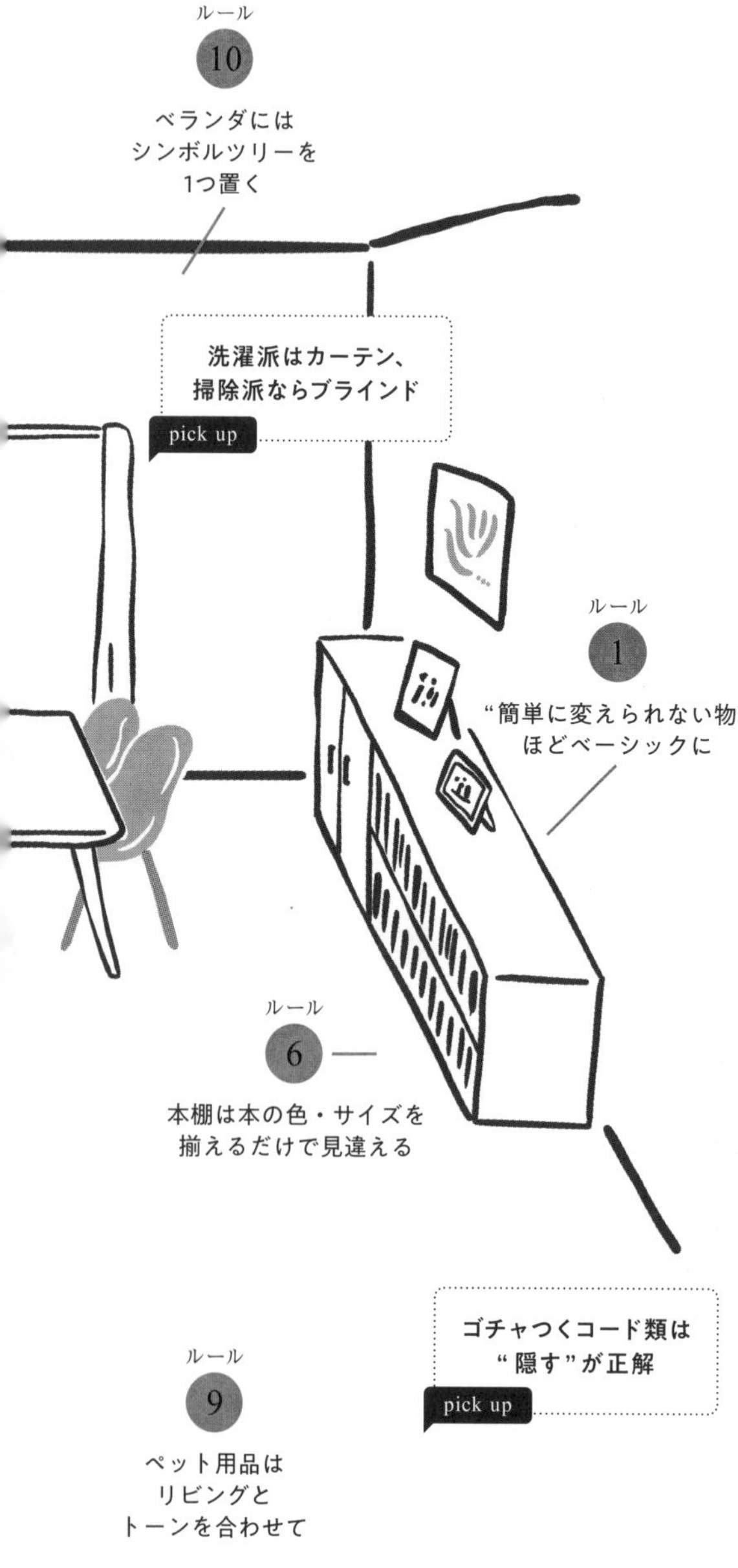

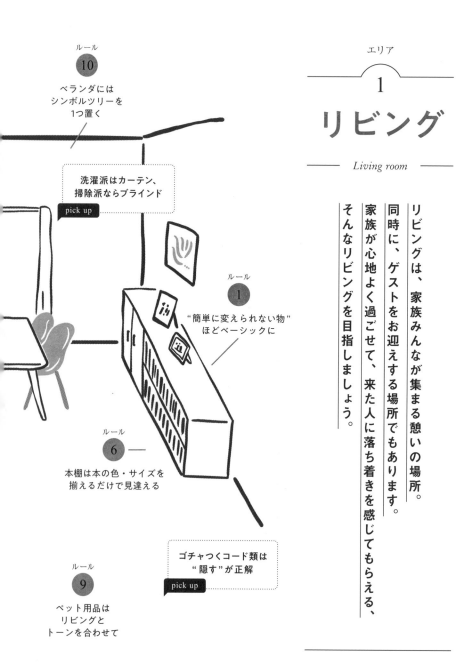

マネするだけ！ リビングづくりのポイント

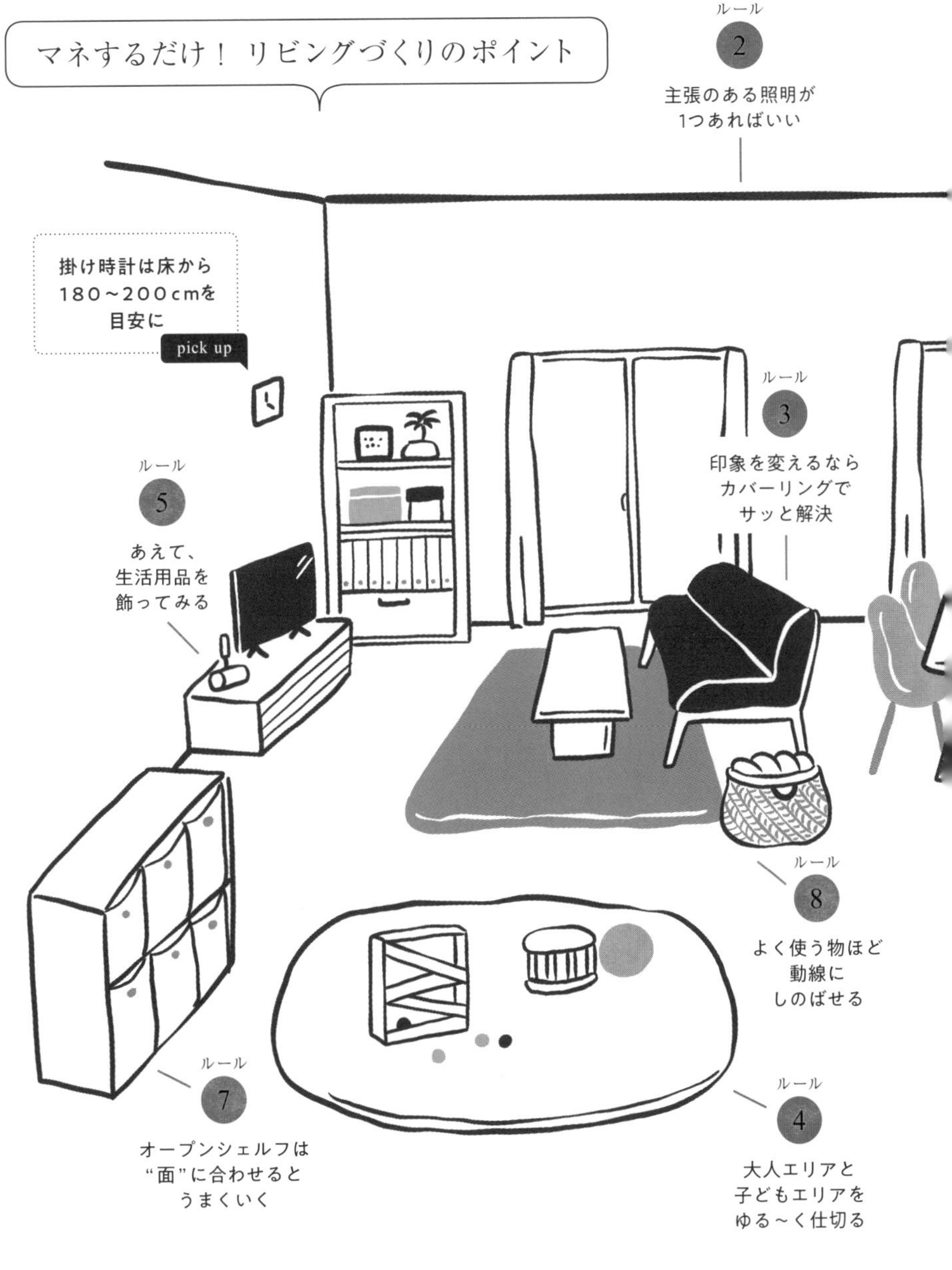
ルール
2
主張のある照明が
1つあればいい
掛け時計は床から
180～200cmを
目安に
pick up
ルール
3
印象を変えるなら
カバーリングで
サッと解決
ルール
5
あえて、
生活用品を
飾ってみる
ルール
8
よく使う物ほど
動線に
しのばせる
ルール
7
オープンシェルフは
"面"に合わせると
うまくいく
ルール
4
大人エリアと
子どもエリアを
ゆる～く仕切る

◀ **ポイントを詳しく解説します**

ルール
1

〝簡単に変えられない物〟ほどベーシックに

家族が自然と集まるリビングは、たとえるならアウトドアの焚き火のような場所。楽しいときも、疲れたときも、ちょっと落ち込んだときも、住む人にやさしく寄り添ってくれるような空間だといいなと思います。

だからこそ、ベースはなるべくシンプルにしておきたいもの。奇抜な色使いのリビングでは、家族の誰かが疲れて帰ってきたときに、ホッとした気持ちになれないかもしれません。また、好みは必ず変わります。手放すときのことも考えて、ソファやダイニングテーブル、大きな棚などの**〝簡単には変えられない物〟は、シンプル、かつベーシックなテイストの物を選ぶ**のがおすすめです。

ベースをシンプルにしておけば、小物でいかようにも遊べます。カラフルなクッションやトレンド感満載のフラワーベースなどを、アクセントとして効果的に取り入れてみましょう。理想のジャンルがあれば、それに近いテイストの雑貨を置いてみるのも◎。「ベースはシンプル、小物でアクセント」は、必ずと言っていいほど部屋がオシャレになる鉄板の法則です。

ルール
2

主張のある照明が1つあればいい

ベーシックなテイストの空間に、何か1つ主張のあるアイテムを取り入れるなら、照明はまちがいなく選択肢の1つ。シンプルなインテリアの中に、デザイン性の高い照明があれば、それだけで上級者に見えます。

インテリアの中でも照明は、トレンド性が高いアイテム。今なら、ペンダントライトやブラケットライト、自然素材や真鍮を使った物、透明なガラスを使ったクリア電球などが人気です。**照明を新調するなら、どこかにトレンド要素を取り入れてみる**のもおすすめ。ただし、部屋にある他のインテリアとの相性が心配なら、奇抜すぎるデザインは避けたほうが無難です。例えばペンダントライトなら、定番の三角シェードのような、トレンド要素があり、かつシンプルなデザインにするとスッキリまとまります。

照明を購入する際に気をつけたいのが、サイズ感。写真で見たらオシャレだけれど、実際に部屋に置くと、想像以上に大きくてしんどい……なんてことも往々にして起こります。「いいな」と思う照明を見つけたら、同じくらいの大きさの物を部屋に置いてみて、雰囲気をイメージしておくことが大切です。

ルール
3

印象を変えるならカバーリングでサッと解決

家具を買い替えることなく、部屋の印象を手軽にガラリと変える方法。それは、**ソファなどの大物家具を、布でふんわりカバーしてしまう**こと。大きめの布がなければ、インテリアショップでよく見かけるマルチカバーを使うのもおすすめ。マルチカバーはその名の通り、多種多様な使い方ができる大きな布のことです。夏はリネン、冬はニットやファーなどの素材を選んで、季節感をさりげなく演出するのもステキなアイデア。

布のテイストもやはり、ベーシックな無地の物を選んだ方が、飽きがきません。その分、カラーを入れて遊ぶなら、カーテンや壁と同系色にすると、リビング全体がまとまります。

ルール
4

大人エリアと子どもエリアをゆる～く仕切る

小さなお子さんがいると、リビングがどうにも散らかりがち。カラフルなおもちゃやベビー用品が溢れ、理想のインテリアのテイストからどんどん遠ざかっていく……と、頭を抱える方も多いかもしれません。

リビング全体が雑多な印象にならないようにするためには、大人エリアと子どもエリアをゆる～く仕切ることです。この「ゆる～く」がポイント。観葉植物で目隠しをしたり、ラグや背の低いオープンラックでエリア分けをしたりするなど、**境界線は、あくまでゆるやかに**。ぎちぎちに線引きするとプレッシャーになり、「エリアからはみ出さないで！」と、ついイライラしてしまうことも。子どもが小さい時期に散らかるのは普通のことと心得て、あまり神経質にならないことも、大切です。

ルール
5

あえて、生活用品を飾ってみる

わが家では以前、カーペットクリーナーを棚の上に飾っていました。かわいらしいユニークなデザインで、出しっぱなしでもインテリアとして違和感がなかったのです。Chapter 1 ルール4でもお伝えしたように、ティッシュカバーやルームスプレーなどは、あえてデザイン性の高い生活用品を選んで、雑貨としてディスプレイするのもアリ。**出し入れする手間が省け、掃除のハードルも下がり、暮らしがグッとラクになります。**

ルール 6

本棚は本の色・サイズを揃えるだけで見違える

住む人らしさが表れる本棚は、インテリアとしてもステキですが、本のカバーのデザインによっては色目立ちしてしまうことも。目に留まる高さの棚は、**本の高さや色の系統を揃えて並べる**と、それだけで見た目がスッキリします。どうしても主張が強い本は、収納ケースに入れてから本棚に並べましょう。空いたスペースがあれば、小さい観葉植物などをアクセントとして飾ると、雰囲気のよい本棚になります。

ルール 7

オープンシェルフは〝面〟に合わせるとうまくいく

何かと便利なオープンシェルフは、そのままの状態だと、意外と収納方法が難しいもの。本や雑貨、マスクの箱などの生活用品が無造作に並べられて、無法地帯になってしまうケースも少なくありません。

そこで役立つのが、インボックスをはじめとする収納ケース。**オープンシェルフと**

組み合わせることで〝面〟が揃い、見た目がかなりスッキリします。また、空間を仕切ることで物の分類がしやすく、**片付けがラクになるメリットも**。サッと投げ込むように収納できるので、家族全員が使いやすく、リバウンドもしづらいはずです。

使い勝手だけではなく、見た目もひと工夫。定番ですが、それぞれのインボックスの色やサイズを揃えると、それだけで整った印象に。逆に、Chapter 1 ルール6「異素材の法則」にならい、布、カゴ、プラスチックなど、あえて素材が違う物をミックスするのもこなれた感じになります。

Before

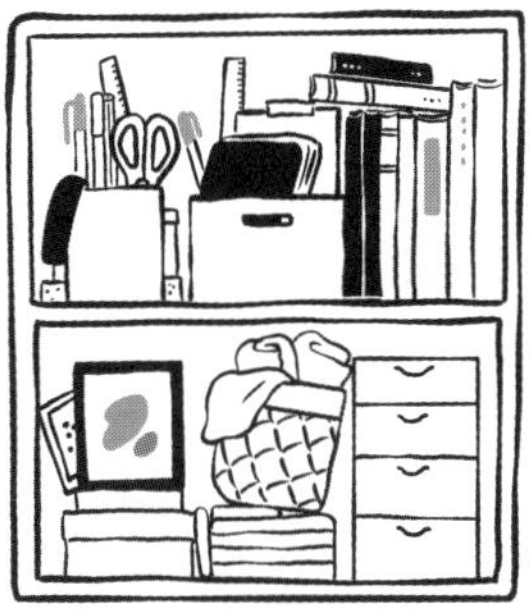

After

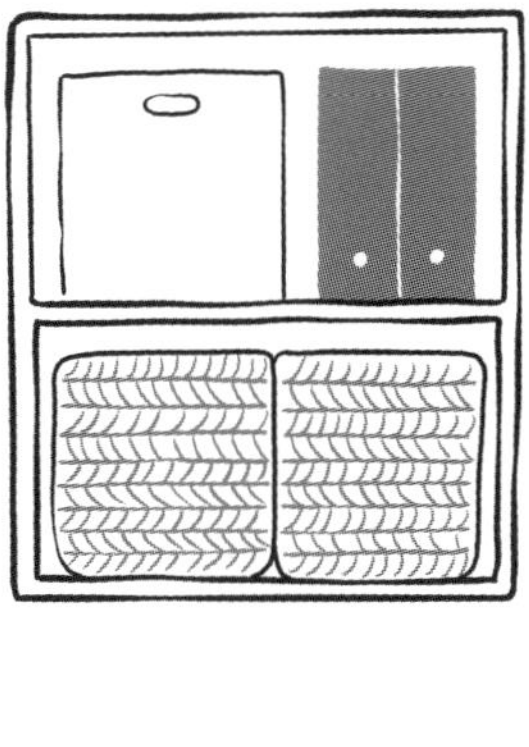

ルール 8

よく使う物ほど動線にしのばせる

小さいお子さんがいるご家庭では、オムツやお尻拭き、保湿グッズなどのベビー用品の置き場所に困る方も多いのではないでしょうか。いつでも取り出せる場所に置いておきたいけれど、ザ・生活用品なだけに、あまり目立つところは避けたい……。それなら、それらをまとめて収納グッズに入れて、よく使う場所に死角収納しておけば解決。死角がない場合は、カゴやキャニスターワゴンなどの見栄えのする収納グッズを活用して、リビングにそのまま置いておくのもOKです。

暮らしやすい空間づくりのためには、**よく使う物ほど動線の近くに置いておくこと**が重要です。P79ルール5に登場した、わが家のカーペットクリーナーですが、今はソファの近くに移動させました。ソファでくつろぐのが好きな愛犬の抜け毛を、すぐにオフできるようにするためです（笑）。他にも、毎日使う掃除用具や仕事で頻繁に使うカメラは、リビングの真ん中に死角収納しています。

収納を考えるときは、動線を意識すると、所作もスムーズになりますよ。

ルール
9

ペット用品はリビングとトーンを合わせて

ペットと暮らすよろこびは、何物にも代えがたいもの。でも、ケージやトイレ、お散歩グッズなど、どうしても物が増えがちです。ペットとインテリアのせめぎ合いはどうしてもありますが、小さな工夫でクリアできることも、意外と多いと感じています。

例えば、リビングにケージを置くなら、**壁と同系色かクリアタイプの物、または明度の高い自然素材の物にすると、そこまで圧迫感が気になりません。おもちゃや食器などの小物は、色数をなるべく抑えましょう。**加えて、インテリアのトーンと合わせると、出しっぱなしでも雑多な印象は軽減されます。とはいえ、ペットのおもちゃはカラフルな物が多いので、私は100均で購入したボディケアグッズをリメイクして、愛犬用にシンプルな見た目のおもちゃを自作していました（笑）。

また、ここでも死角収納が活躍。バスケットやケースの中にペット用品を入れておけば、普段は目につかないけれどサッと使いやすくなります。何はともあれ、多少部屋は散らかっていても、愛するペットにも心地よい空間をつくることが一番大切ですね。

ルール
10

ベランダにはシンボルツリーを1つ置く

おうち時間が長くなり、ベランダのインテリアにもこだわる人が増えています。ウッドパネルや屋外用のテーブルセットを設《しつら》えて、ベランダでのんびりと過ごすのは至福の時間。でも、「そこまで広くないし、手間も予算もかけられない！」という方には、**シンボルツリーを1つ、置いてみる**ことをおすすめします。

少し大きめの屋外用植物が1つあるだけで、ベランダがとてもさわやかな雰囲気に。リビングの窓から、グリーンがさりげなく揺れる姿が目に入るのも癒やされます。スペースがあれば、そばにデッキチェアを1つ置いて、日差し溢れる癒やしスペースをつくるのもいいでしょう。夜は屋外でも使えるLEDランタンを置いて、ムードたっぷりなベランダライフを楽しんでみてはいかがでしょうか。

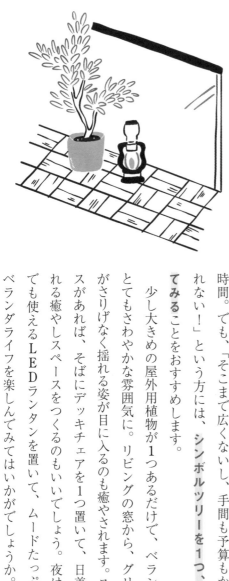

pick up

洗濯派はカーテン、掃除派ならブラインド

カーテンとブラインドのどっちをつけるか迷ったら、お手入れ方法で選んでみるのも1つ。ホコリ拭きなどの掃除を手間に感じるならカーテン、洗濯するのが苦手であれば、ブラインドをチョイスすべし。

pick up

ゴチャつくコード類は〝隠す〟が正解

コードの収納は〝隠す〟が基本。ですが、まずはいらないコードがないか見直しを。使っていないのにつなげっぱなしのコードは、意外と多いものです。そのうえで、専用のケーブルボックスを活用したり、家具や観葉植物などで隠したりなどの工夫を。

pick up

掛け時計は床から180〜200cmを目安に

掛け時計は、**床から180〜200cm、目線よりやや上の位置**が見やすいとされています。ただし、床に座るスタイルで生活している場合はこれに限らず、また、低い家具が多いとアンバランスになります。暮らし方やインテリアとのバランスで調整を。

エリア

2 キッチン

Kitchen

機能性と清潔さが求められるキッチン。
加えて、そこに立つ人にとっては、
料理が楽しくなるような、ステキなインテリアも欠かせません。
見るだけで気持ちが上がる、自分らしいキッチンへ。

ルール 3
絵になるアイテムは、いっそ飾る
吊り下げライトを投入してみる
pick up
ルール 2
パッケージが目立つ物は死角収納
ルール 1
キッチンこそ、サッと手が動く“無意識収納”
ルール 7
収納スペースの追加は最終手段に

マネするだけ！ キッチンづくりのポイント

ルール
6
食器棚も小さな
インテリアと考えて
ルール
5
冷蔵庫は
ゆとりを持たせ、
冷凍庫を充実させる
ルール
4
アクセントを加えるなら
小さなアイテムで

◀ **ポイントを詳しく解説します**

ルール 1

キッチンこそ、サッと手が動く〝無意識収納〟

食材に食器類、調理器具はもちろん、布きんにペーパー、細々とした調味料などなど、何かと物の取り出しが多いキッチン。だからこそ、「どこだっけ？」と考えることなく、**サッと手と体が動く〝無意識収納〟がおすすめ**です。

私が実践している無意識収納の1つは、**一緒に使う物を同じ場所に収納しておく**こと。例えば、鍋やフライパンと一緒に使うおたまやフライ返しは、すべて同じコンロ下に収納しています。それから、ボウルやザル、鍋類は、スペースが許せば重ねないこと。ワンアクションで出し入れできるメリットは、手際が肝心な料理中にこそ実感できます。

そして、**特定の調理器具は独立して収納する**こと。具体的には、小さくて見つけづらく、引っかかりやすいフォルム、かつ頻繁に使う物。ピーラーや小さなおろし金、小さなトングなどです。これらは、小さめの収納ケースにそれぞれ収納すると、「どこだっけ？」が確実に減り、出し入れもスムーズになります。

来客用の食器や大きな鍋など、使用頻度が低くて重量がある物は、安全面と管理のラクさの面から、棚の一番下にしまうのもポイントです。

ルール
2

パッケージが目立つ物は死角収納

毎朝の食パンや、市販のインスタントコーヒー、おやつにつまめるコンビニのお菓子。よく食べる物は、キッチン周辺に、すぐに手に取れるよう出しておく方も多いと思います。でも、こうした市販のパッケージの見た目の破壊力は、相当なもの。1つ目に入るだけで、途端に生活感が出てしまいます。よって、こうした食品類も、出しておきたい気持ちをグッと抑えて死角収納にすることをおすすめします。

収納場所がなければ、バスケットなどにまとめて入れておくだけでも、見た目の印象はずいぶん違います。赤ちゃんがいるご家庭は、哺乳瓶やミルクも専用ボックスに収納して手が届くところに置いておくと、使い勝手もよく、見た目もスッキリしますよ。

ルール 3

絵になるアイテムは、いっそ飾る

キッチンを飾りたい！　と思っても、食品を扱う場所なので、雑貨を置こうにもなかなか悩ましいもの。そんなときは、キッチンをよく見てみれば、意外とディスプレイアイテムの宝庫かもしれません。

例えば、木製のカッティングボード、瓶詰めのオリーブ、オシャレな缶に入った紅茶など。**見栄えがするキッチンアイテムをさりげなく目に入る場所に置いておけば、それだけで雰囲気のよいキッチンに**。市販のパッケージも、凝ったデザインの物なら、しまい込まずに見せるのもアリです。物も増えずに、一石二鳥ですね。

ルール 4

アクセントを加えるなら小さなアイテムで

キッチンを飾るための別のアイデアとして、**小さなキッチン用品でアクセントをつける**のもおすすめ。すでにお伝えしていますが、「ベースはシンプル、小物でアクセント」の法則は、キッチンも然り。アクセントを加えるなら、差し色になる布きんや鍋つかみ、食器などの小物を見える位置に配置してみてはいかがでしょうか。

炊飯器やトースターなどの家電のデザインがイマイチであれば、カバーリングするのも◎。その布に色をプラスして、アクセントにしてもよさそう。ただし、色を多用するとゴチャゴチャの原因になるので、全体のバランスを見ながら調整を。

ルール
5

冷蔵庫はゆとりを持たせ、冷凍庫を充実させる

わが家には、「調味料や粉物は開けたら冷蔵庫に」というルールがあります。醤油やスパイス、小麦粉、パン粉もすべて冷蔵庫に直行。冷蔵すれば品質を長期間維持でき、害虫の心配もありません。さらに、ゴチャついた調味料が放つ生活感に悩まされることもなくなります。「冷蔵庫がパンパンになりませんか？」とよく聞かれますが、食材は主に冷凍庫に保管しているので、問題ありません。冷凍庫をフル活用するようになってから、消費期限で食材をダメにすることがなくなりました。

さらに、こんなメリットも。冷蔵庫はスカスカの方が節電になりますが、冷凍庫は凍った食材同士がお互いを冷やし合うため、ギュウギュウの方が節電につながります。冷蔵庫にゆとりを持ち、冷凍庫を充実させることは、環境にもお財布にもやさしいのです。

ルール 6

食器棚も小さなインテリアと考えて

透明のガラスで中が見えるタイプの食器棚は、意外と棚の中まで目につくもの。**日常使いの食器もディスプレイされたインテリアと考えて**、並べ方をひと工夫しましょう。例えば、一番目がいく棚にお気に入りの食器を置いたり、「白とブラウンの食器だけ」などと色をしぼったりするだけで、洗練されて見えます。

引き出しタイプのカップボードを使っている場合は、管理しやすい収納を。よく使う食器と来客用の食器を分けてしまうだけで、管理がとてもラクになります。また、立てる収納は、収納環境によってはデッドスペースが生まれ、安全面でやや不安な場合もあります。スペース的に立てないと難しいなら、専用のケースで仕切るなど、安全性への配慮をしておきましょう。

ルール 7

収納スペースの追加は最終手段に

家で過ごす時間が長くなり、食品ストックが増えたご家庭も多いと思います。食品ストックは、賞味期限のことをついつい忘れがち。きちんと管理するためにも、何があるかひと目でわかるように整理しながら収納したいものです。そこで、わが家は引き出し1つ分の家電や小物を手放して、そこを食品ストックの収納スペースとしました。

何かを収納する場合、収納スペースを新たに設けるのは最終手段。**まずは、今ある物を見直して、減らせないか考えてみましょう**。キッチンにあるアイテムをすべて使いこなしている人は、実はあまりいません。手放せる物が、どこかに必ずあるはずです。

物が減ると、動線がスムーズになり、キッチンの使い勝手がよくなります。それまで出しっぱなしだった物を収納できるのも、うれしいポイントです。何より、心身共にスッキリし、心にゆとりができることが、一番のメリット。思い立ったら、Chapter 1 ルール5の手順を参考に、物を減らす収納に取り組んでみてくださいね。

pick up

吊り下げライトを投入してみる

機能性が求められるキッチンであえて遊ぶなら、デザイン性ある照明を取り入れても◎。人気のペンダントライトは、キッチンとも好相性。大きければ大きいほど主張が強くなるので、キッチンの広さやインテリアとのバランスを考慮して選びましょう。気持ちが上がる照明があれば、キッチンにいる時間がいっそう楽しくなるかもしれません。

エリア

3
寝室

Bed room

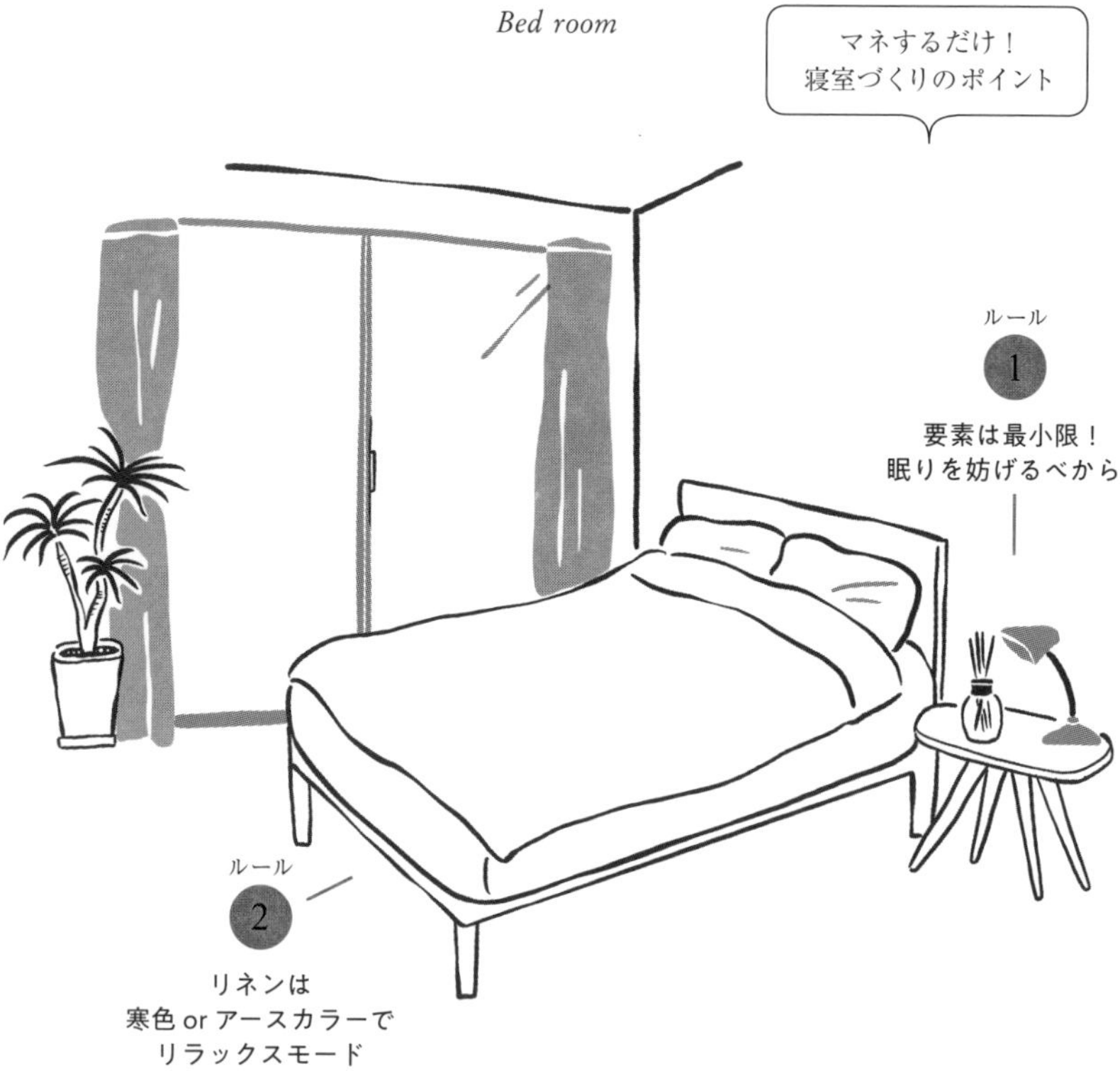
マネするだけ！
寝室づくりのポイント
ルール
1
要素は最小限！
眠りを妨げるべからず
ルール
2
リネンは
寒色 or アースカラーで
リラックスモード

日々の疲れを癒やし、新しい朝を迎える寝室。
他のどの部屋よりもプライベートな空間なので、
「いかにリラックスできるか」がポイントです。
インテリアの力で、心地よい眠りと目覚めを。

ルール
1

要素は最小限！ 眠りを妨げるべからず

寝室は、気持ちを落ち着かせ、ゆっくりと体を休ませるための場所。**意識を眠りに向けるため装飾物は控えめに、極力シンプルなコーディネートにする**のが基本です。枕もとに何かをディスプレイしたり、高い棚にたくさんの物が置いてあったりすると、防災面でも心配。小物を置くなら、見た目もかわいく、心地よい眠りを誘う「アロマグッズ」がおすすめです。

ルール
2

リネンは寒色orアースカラーでリラックスモード

一般的に、青などの寒色系カラーには副交感神経を高める働きがあり、鎮静効果が期待できるといわれています。リネンやカーテンは、そうした**色の効果を意識しながら選ぶ**のもおすすめです。また、気持ちがホッとするアースカラーや、落ち着いた雰囲気のグレイッシュカラーも寝室にマッチする色合いです。もちろん、ご自身が落ち着くと感じるようであれば、暖色系カラーをメインにしてもOK。

エリア

4

ワークスペース

Workspace

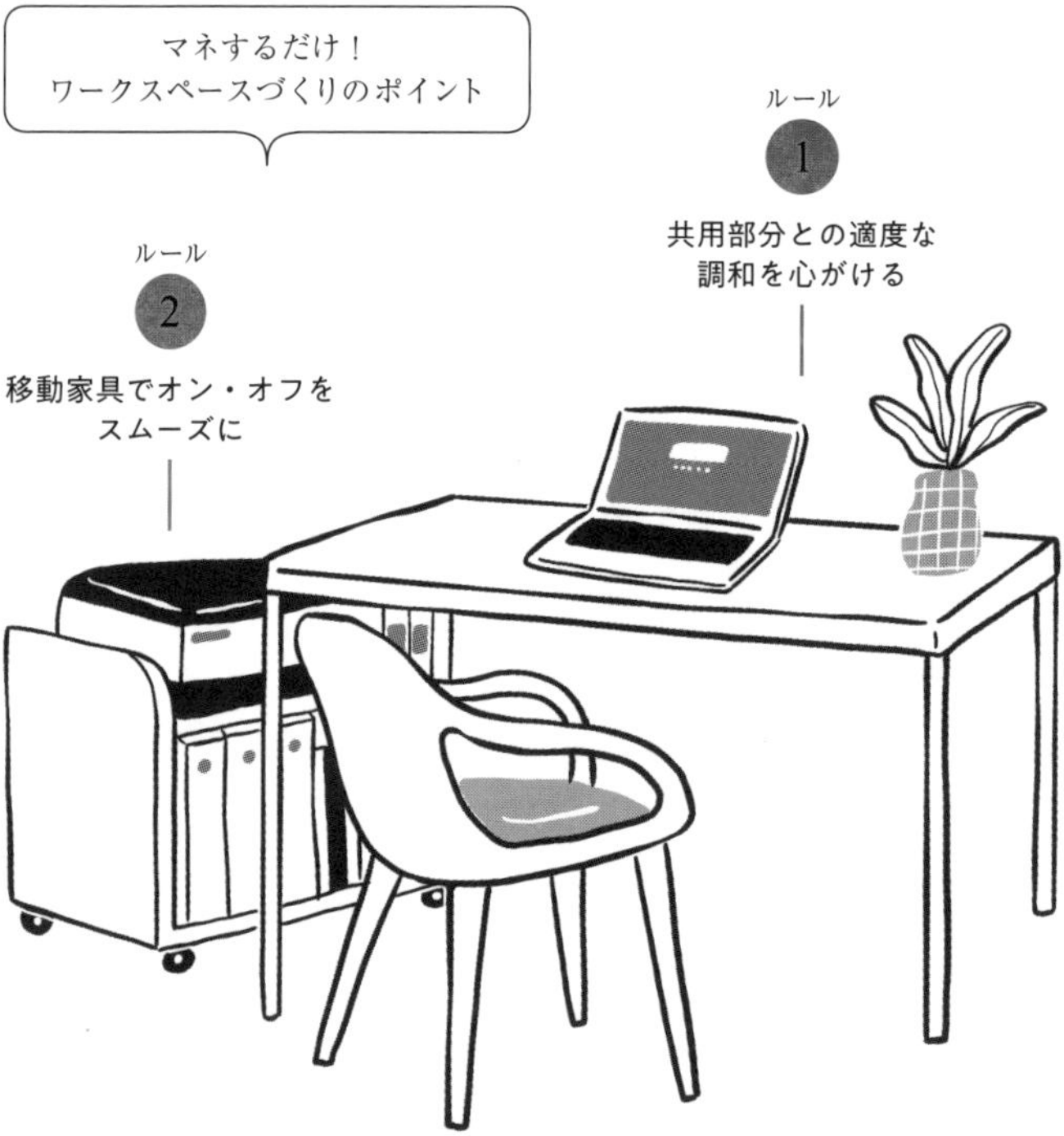
マネするだけ！
ワークスペースづくりのポイント
ルール
1
共用部分との適度な
調和を心がける
ルール
2
移動家具でオン・オフを
スムーズに

もともと在宅勤務の方はもちろん、テレワークが増えた影響で
簡易的なワークスペースを新たに設けた方も多いのでは。
オン・オフをしっかり切り替えつつ、
周囲のインテリアからも浮かない空間づくりを。

ルール
1

共用部分との適度な調和を心がける

家族との共用部分にワークスペースをつくるなら、**トーンを合わせたアイテムで揃えるのが理想**です。ガジェット感が強いパソコンやプリンターには布でカバーリングをしたり、リビングから見える位置に観葉植物を置いたりするだけで、印象はかなり変わります。でも、それがパートナー用であれば、「テイストを合わせて！」と強要するのはお互いのストレスに。仕事しやすい環境を大切に、適度な調和を心がけて。

ルール
2

移動家具でオン・オフをスムーズに

ダイニングテーブルで仕事をしている人は、食事のたびに片付けるのが手間ですよね。油断すると、資料などでテーブルも散らかりがち。それなら、**キャスター付きのワゴン**に仕事道具をまとめて入れておけば、持ち運びがラクなうえ、オン・オフの切り替えもできて一石二鳥。一時的にテレワークをしている方は、いつ通常の通勤スタイルに戻ってもいいように、家具は使い回せる物や手放しやすい物で揃えておくとよいでしょう。

エリア

5

子ども部屋

Children's room

マネするだけ！
子ども部屋づくりのポイント

子どもの作品は
飾って収納もかわいい
ルール 1
子ども目線or大人目線？
ルール 3
収納は
子ども目線で
考える
くすみカラーで
コーディネート
ルール 4
“リセット”を覚えられる
部屋づくりを

すくすく育つ子どものために
快適で楽しい子ども部屋を用意してあげたいもの。
「大人目線」と「子ども目線」を上手に使い分けて、
わが子の成長を心地よくサポートしましょう。

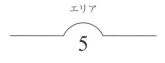

ルール
1

子ども目線 or 大人目線？ 優先順位を決める

子ども部屋をつくる際には、**まず、全体のトーンを大人目線にするか子ども目線にするかを決めておくと、インテリアを決めるのがスムーズ**になります。

大人目線にするなら、全体的に落ち着いた雰囲気で、他の部屋ともトーンの差があまりないような部屋づくりを。子ども目線で考えるなら、子どもが好きな色をたくさん使って、楽しい雰囲気の空間に。色彩感覚が育まれる時期でもありますので、子ども部屋に関しては、色彩豊かにコーディネートしてもいいと思います。

でも、やっぱりバランスは大事。**大人目線でもお子さんの好みには耳を傾けるべき**ですし、子ども優先になりすぎて、キャラクター物が無限に増えてしまうのも考えものです。家族で話し合って、子ども部屋のちょうどいい着地点を見つけてください。

ちなみに、夫婦2人暮らしのタイミングで、「いつか子ども部屋に」という名目で物置部屋をつくる人がいます。でも、これはあまりおすすめしません。一度〝物置部屋化〟してしまうと、片付けるのは想像以上に大変なもの。未来の子ども部屋に物を置くなら、移動式ワゴンですぐ移動できるくらいの量にしておきましょう。

ルール 2

くすみカラーでコーディネート

大人目線の子ども部屋なら、グレイッシュカラーをはじめとするくすみカラーがおすすめ。子どもが好む青やピンクなどの色も、くすみカラーなら部屋にスッキリなじみます。ちなみに、小学生になる私の孫は、ラベンダーがお気に入り。でも、次の機会に聞くと好きな色が変わっています（笑）。移り気な子どもの好みも考慮することが大切です。

ルール 3

収納は子ども目線で考える

例えば、手が届きやすい位置は、大人と子どもで違うもの。親にとってはベストな収納場所でも、子どもにとっては背伸びをしないと届かず、整理しづらい場所かもしれません。また、なんでもたくさん入るからと、大きなおもちゃ箱や収納ケースを使うのも要注意。パッと見は片付きますが、その収納ケース自体が重いと、子どもがもとの場所に戻しにくくなります。**子どもが持てる大きさ、重さのケースを活用しながら、どこに何をしまうかを、子ども目線で考えてみましょう。**

子どもの成長にともない、目線や動線も変化していきます。収納が低い位置のままだと、背が伸びたときに使いづらいと感じてしまうことも。もし、お子さんがランドセルをいつも床に放り投げているとしたら、収納場所が目線や動線に合っていないのかもしれません。**子ども部屋の収納の見直しは、ぜひ、定期的に行って**。わが子の成長を感じられる、うれしい作業でもあります。

ルール
4

〝リセット〟を覚えられる部屋づくりを

私が子どもに片付けを教える際に大事にしていること。それは、**「片付いている状態が普通であることを、体感させる」**ことです。

子どもが小さいうちは、部屋が散らかるのは当たり前。毎日完ぺきに整理しておく必要はありませんが、何日かに1度など、こまめに〝リセット〟のタイミングを設けて「おもちゃはここに戻そうね」と促すことで、部屋のあるべき姿を教えてあげることが大切です。いつもどこかが散らかったままで、「これが普通なんだ」という認識が芽生えてしまうと、大人になったときに、片付けのハードルが上がってしまいます。こまめなリセットを実践し、部屋をキレイな状態に保つ習慣を育みましょう。

エリア

6

玄関

Entrance

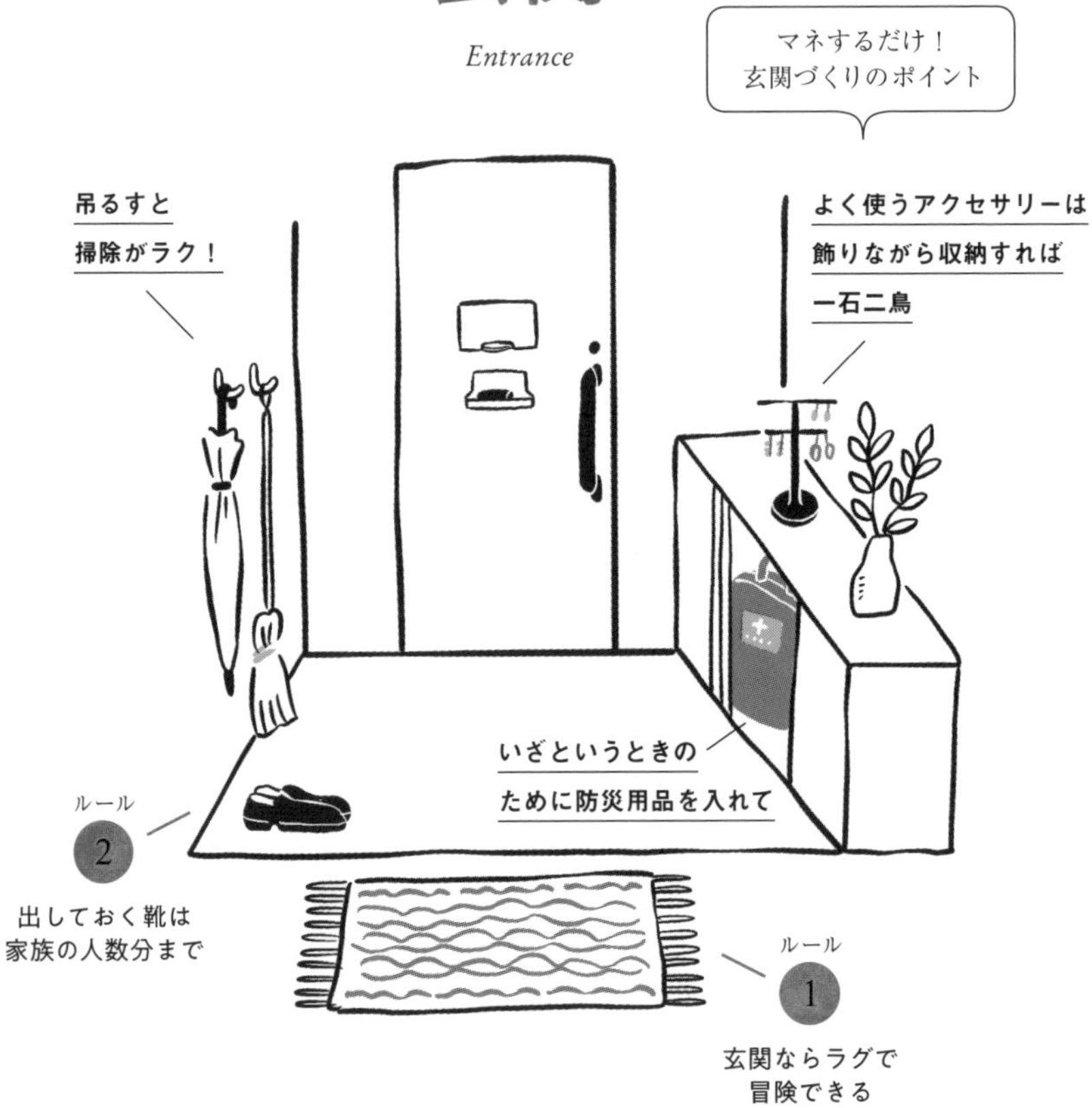
マネするだけ！
玄関づくりのポイント
吊るすと
掃除がラク！
よく使うアクセサリーは
飾りながら収納すれば
一石二鳥
いざというときの
ために防災用品を入れて
ルール
2
出しておく靴は
家族の人数分まで
ルール
1
玄関ならラグで
冒険できる

玄関は、その家の第一印象を決める場所。
同時に、家族の「いってきます」と「ただいま」が
交差する場所なので、
オシャレさと機能性を兼ね備えた空間に。

ルール
1

玄関ならラグで冒険できる

玄関の印象を決定づけるのは、なんといってもラグです。床の色が気に入らなかったり、なんだか「暗い」と感じられる玄関でも、**ラグ1枚で印象をチェンジする**ことができます。狭いスペースなので、冒険できるのもメリット！　リビングなどでは躊躇《ちゅうちょ》してしまう柄物のラグも、小さいサイズでまかなえる玄関なら、手軽に取り入れられます。

ルール
2

出しておく靴は家族の人数分まで

玄関に出しておく靴は、家族の人数分までが理想。それ以上になると雑多な印象になり、何より掃除が大変です。そういう意味で、**玄関に置く物は、ある程度はしぼった方が◎**。オシャレ要素は、ラグと観葉植物を1つ置けばOK。実用面では、よく使うアクセサリーと、オシャレなボトルに入れ替えた消毒液を棚に。傘の収納は玄関の広さにもよりますが、掃除の面から、吊るしておくのがおすすめです。マスクや印鑑は、ドアにマグネットでつくケースやフックに収納すると、サッと取り出せて便利です。

エリア

7
水まわり
（洗面所・浴室・トイレ）

Washroom, Bathroom, Restroom

マネするだけ！
水まわりづくりのポイント
ルール 1 清潔感が一番！
ルール 2 出しておく物はビジュアルを整える
ルール 3 ランドリーグッズはステンレスが最強
ルール 4 トイレは実用的にデザインを取り入れて
ルール 5 マルチタイプの洗剤なら1本で解決する
ALL OK!
ルール 6 お風呂は“浮かせる”が鉄則

水まわりが清潔だと、心もパッと軽やかに。
物が多く、油断すると生活感が一気に出てしまう場所なので、
収納や小物をひと工夫して清潔感をキープ。

ルール
1

清潔感が一番！

水まわりで最も重要なのは、なんといっても清潔感。細々とした生活用品が多いエリアですが、なるべく物を減らして、こまめに掃除しやすいスッキリとした空間をキープしましょう。清潔感の象徴である白やシルバーをメインカラーに、小さな観葉植物を置いてさわやかさをプラス。もし窓があれば、光を遮らないように、窓周辺には特に物を置かないようにしましょう。

ルール
2

出しておく物はビジュアルを整える

常に出しておく生活用品は、インテリアだと思ってビジュアルを整えてみましょう。定番なところでは、洗面所のハンドソープやお風呂場のシャンプー、ボディソープなどをスタイリッシュなボトルに詰め替えるアイデア。また、ハンドタオルやバスマットなどの色のトーンも統一すると、空間がスッキリまとまります。ドライヤーなどの家電を出しておく場合は、買い替えのタイミングで、デザイン性の高い物にしてみるのも手。

ルール
3

ランドリーグッズはステンレスが最強

ハンガーや洗濯ばさみ、物干しスタンドなどは、〝ザ・生活感〟な雰囲気が漂うアイテム。これらは思い切って、**すべてステンレスに統一すると、生活感が一掃されて洗練された印象**になります。耐久性、防サビ性に優れたステンレスは、コスパも良好。わが家は、部屋干しの際、ステンレスのハンガーに、洋服の色合いがグラデーションになるように並べています。これだけで、部屋干しの生活感が軽減されて心が軽くなります。

ルール
4

トイレは実用的にデザインを取り入れて

トイレを飾る人も多いですが、私は断然シンプル派。掃除やお手入れが大変なので、トイレマットもありません。オシャレ要素を求めるなら、デザイン性のあるペーパートレイを置いたり、トイレブラシをスタイリッシュな物にするなど、実用性も兼ねたアイテムで楽しみます。とはいえ、トイレはある意味で自由度が高い場所。清潔感と掃除のしやすさを最優先事項にしたうえで、お好みのテイストで飾ってヨシ、です。

ルール
5

マルチタイプの洗剤なら1本で解決する

トイレ用、お風呂用、キッチン用に排水溝用……。気がつくと、シンク下が各種洗剤で溢れかえっている！　そんな方は、**マルチクリーナータイプの洗剤**を試してみてはいかがですか？　場所ごとに洗剤を使い分けていると、物も増えて部屋も雑多になりがち。マルチクリーナーでまかなえる場所がいくつもあれば、家事自体もグッとラクに。もちろん、試してみてしっくりこなければ、「洗剤は使い分ける」でOKです。

ルール
6

お風呂は〝浮かせる〟が鉄則

浴室の清潔感を保つには、ぬめりやカビの繁殖を防ぐために、**物をなるべく浮かせること**。最も手軽なマグネット収納をはじめ、シャワーラックやS字フックなど、多種多様な収納アイテムを上手に活用しましょう。ボディソープやシャンプーなどをオシャレなボトルに詰め替える場合、ボトルの色は白などの明るい物がおすすめ。濃い色はスタイリッシュな雰囲気になりますが、水あかが目立つというデメリットもあります。

Column

2

廊下は白いキャンバス！

廊下は、思いのほかインテリアが見過ごされがちな空間。だからこそ、センスよく飾られている廊下を見ると、「ステキなお宅だな」という印象を受けます。廊下を真っ白なキャンバスに見立てて、わが家らしい空間にアレンジしてみませんか。

大人1人が余裕を持って通れるくらいの幅の廊下なら、左右両面ではなく、片面を飾るのが正解。まずは、**写真やポストカード**など、お好みの装飾アイテムを飾ってみましょう。おすすめは、A4以下のサイズ感の物を3枚、等間隔に並べて飾ること（Chapter 1 ルール6「並べる法則」ですね）。**ドライフラワー**を組み合わせてもステキです。

デザイン性と実用性を兼ね備えたアイテムといえば、**鏡**。置き方を工夫すれば空間に奥行きが出て、狭い廊下にも開放感が生まれます。お出かけ前の身だしなみチェックができるのもうれしいポイント。小さいサイズの物をいくつか、アクセントとして飾るのもかわいくておすすめです。

大人2人が通れるくらいの広い廊下であれば、両面を飾っても見栄えがします。シェルフを置いて、その上に小物を飾り、ギャラリースペース風に見せるのもいいでしょう。意外とインテリアになるのが、帽子などをかける**ウォールフック**。北欧風のデザインやヴィンテージライクな物などさまざまなデザインが出ているので、チェックしてみては。

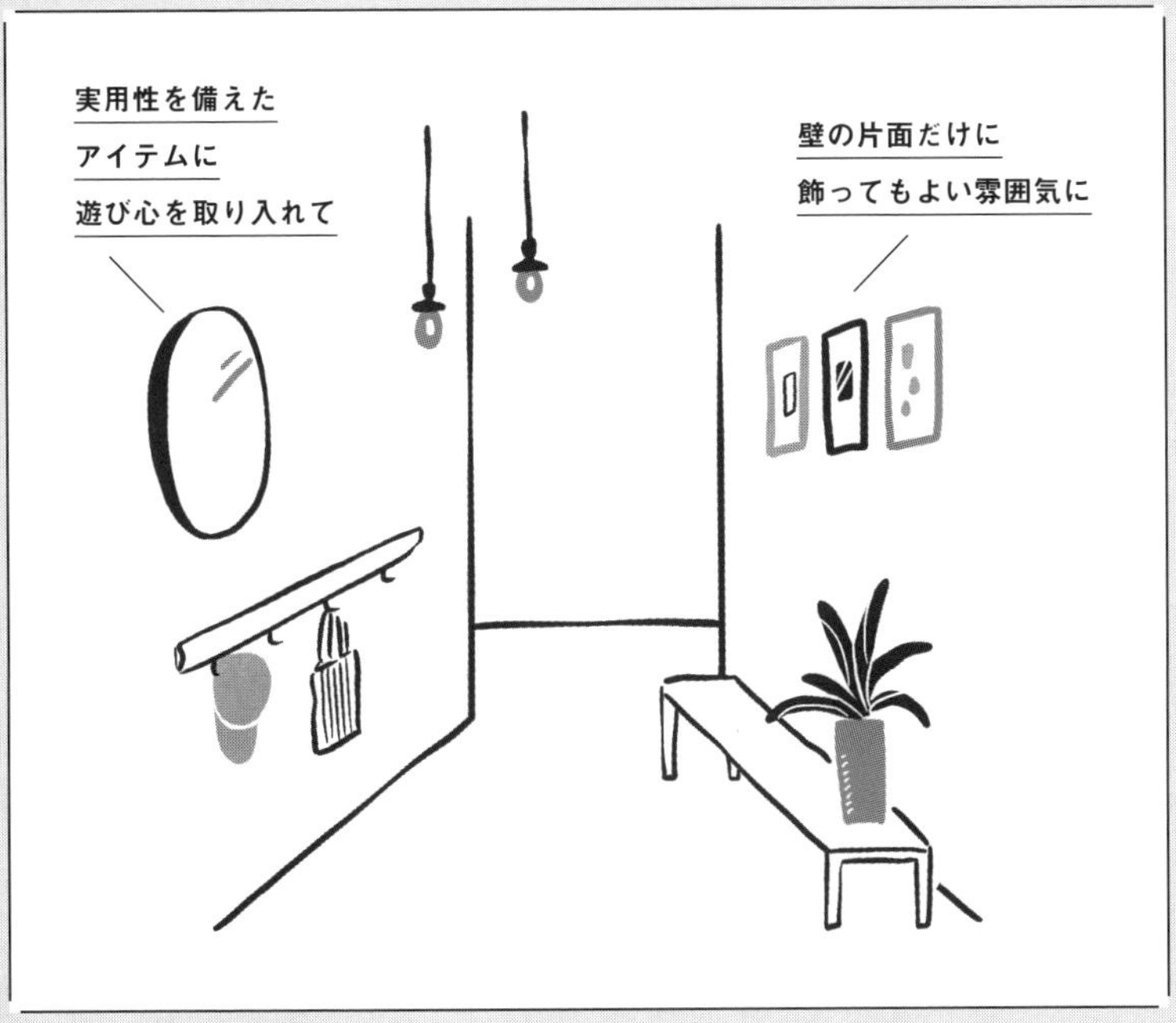
実用性を備えた
アイテムに
遊び心を取り入れて
壁の片面だけに
飾ってもよい雰囲気に

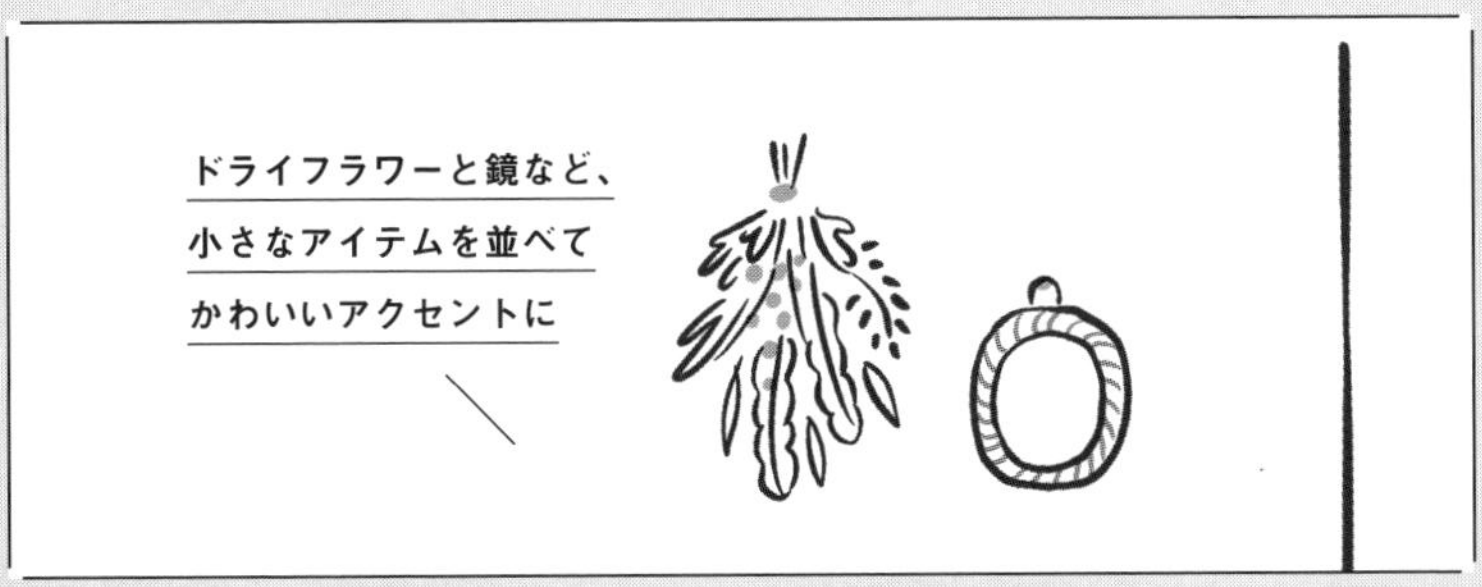
ドライフラワーと鏡など、
小さなアイテムを並べて
かわいいアクセントに

Column

2

芝生マットを敷いて、観葉植物や植物モチーフのウォールステッカーを組み合わせれば、わが家のグリーンギャラリーが完成！お子さんが外で遊びづらい環境でも、公園風のスペースがあれば、楽しい時間を過ごしてくれそうです。

Chapter

3

こなれて見える〝ちょい足し〟テクニック

Chapter 1、Chapter 2では、
インテリアの基本ともいえるルールを学びました。
Chapter 3では、さらに部屋を格上げさせる、
〝ちょい足し〟のテクニックをご紹介。
部屋に遊び心をプラスして、おうち時間をもっと豊かに。

1. 観葉植物・花

をちょい足し

すでに何度かお伝えしているように、植物は、置くだけで即、部屋があか抜ける優秀なアイテム。手頃で、場所を取らず、どんな部屋にもなじみやすい、三拍子揃った観葉植物と花の選び方・飾り方のポイントをご紹介します。

種類が豊富な観葉植物ですが、どれを買うべきか迷ったら、**それぞれが持つ印象の違い**を参考にしてみてください。葉の形が丸ければかわいらしい雰囲気になりますし、細くて直線的ならモダンでスタイリッシュ、細くても曲線的ならやさしい印象を与えます。

葉の色と大きさにも注目を。葉が小さく、グリーンが深い色味の物は、存在をそこまで主張せず、落ち着いた部屋によくなじみます。代表的な物では、大人っぽい雰囲気の「フィカス・バーガンディ（黒ゴムの木）」など。一方で、葉が大きく明るい色味の「モンステラ」や「ウンベラータ」などは、存在感があり、部屋がパッと明るくなります。**初めての観葉植物なら、テーブルサイズの小さな物から始めて**みてもいいでしょう。

フィカス・バーガンディ

デザイン性の高い
フラワーベースは
1個でステキな
オブジェに

花を飾るなら、バランスよく生けるための簡単なルールをいくつか覚えておくと便利です。まずは、**花瓶の口の大きさに対して、7~8割程度の量の花を生けること。そして、植物の3分の1以上の高さがあるフラワーベースを選ぶ**こと。面倒であれば、ざっくり1対1くらいの割合でも大丈夫です。

花の場合もまずは、一輪挿しから始めてステップアップしてもいいでしょう。そういう意味では、小さな一輪挿しと、汎用性の高いミドルサイズのフラワーベースがあれば重宝します。色はクリアや白、グレーを選べば、合わせやすくて万能です。フラワーベースは、花を生けなくても、それだけでインテリアになる優秀なアイテム。凝ったデザインや色で遊んでもよし、中にオブジェを入れてディスプレイするのもよし、さまざまに楽しんでみてください。

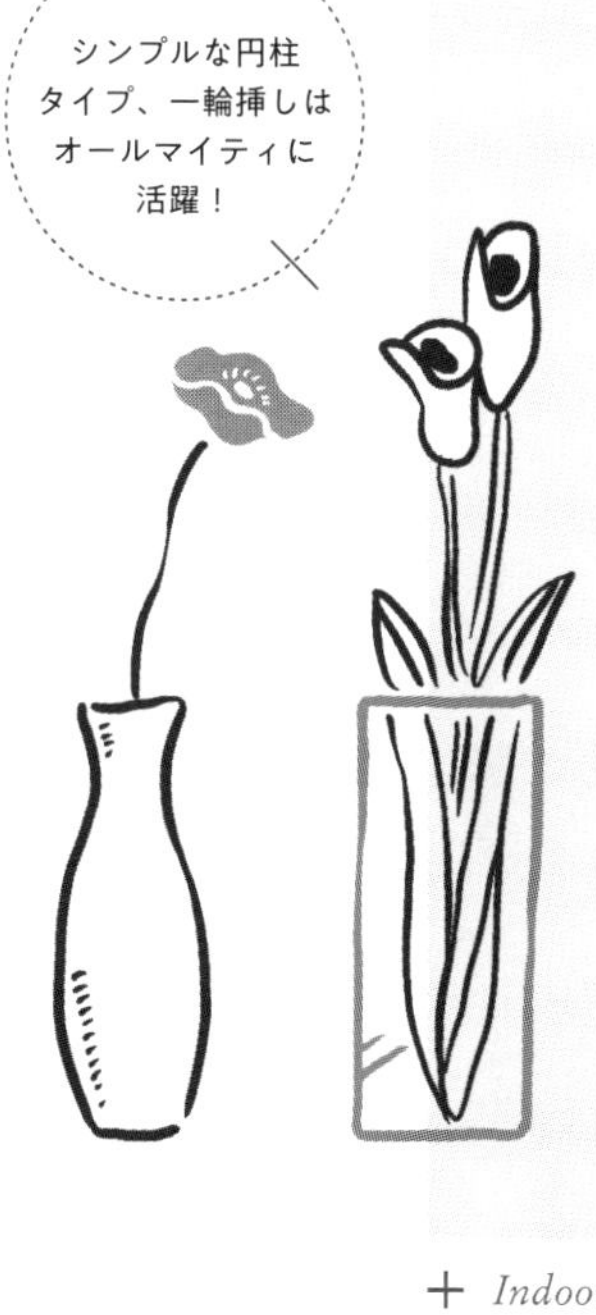
シンプルな円柱
タイプ、一輪挿しは
オールマイティに
活躍！

2. ドライフラワー・ツリー

をちょい足し

ドライフラワーを
一輪挿しに

植物を育てる自信がない、あまり手間をかけたくない……そんな方は、ドライの植物を取り入れるのも手です。特に最近は、**ドライツリーなどの枝物が人気**。壁の余白に美しい枝ぶりが投影されると、部屋がアートな空間に早変わりします。

ただし、枝物を飾る際は、ドライに限らず、フラワーベース選びに注意が必要。重量があり、安定感のあるデザインでないと、倒れてしまう危険性があります。また、人の移動が多い場所に置くのも、安全面から避けるべきです。

ドライフラワーは、スワッグ（花を束ねて壁に吊るす飾り方）が定番。ですが、棚にさりげなく置くだけでも立派なインテリアになります。一輪挿しや小瓶などを3つほど並べて、それぞれ違う種類のドライフラワーを少量ずつ飾るのも、かわいくておすすめです。

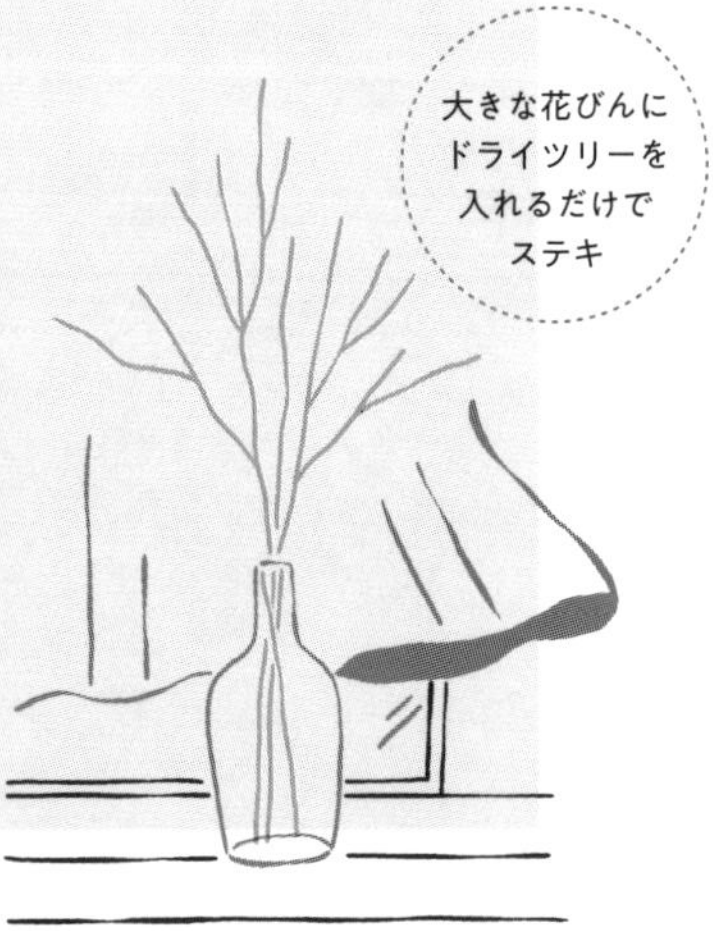
大きな花びんに
ドライツリーを
入れるだけで
ステキ

3. ブラケットライト

をちょい足し

ブラケットライトとは、壁につけるタイプの照明のこと。あれば部屋がグッとオシャレになり、フロアライトのように場所を取らないので、近年非常に人気が高いアイテムです。

メインではなく補助照明の一種なので、どんな部屋とも相性◎。リビングのソファ近くや寝室のベッドサイドに読書灯として、また、玄関や廊下にアクセントとして取りつけても趣があります。殺風景な壁に装飾が欲しいときに、ポストカードや絵画と組み合わせて設置するのもオシャレです。

賃貸の場合は、壁や天井に穴をあけずに柱を設置できるＤＩＹアイテムなどを活用して柱をつくれば、コンセントタイプのブラケットライトが設置可能です。「ＤＩＹはハードルが高い……」という方は、どこでも取りつけやすいクリップライトで、ブラケットライトと似たような効果を得られます。

＋ *Bracket light*

4. ポスター・ポストカード
をちょい足し

オシャレな部屋で必ず目にする、ポスターやポストカード。どこにどんな物を飾るかに、その人のセンスが表れます。だからこそ、部屋の印象をアップさせる1枚の選び方、飾り方をおさえておきましょう。

基本的には、あなたが好きだと思う物を飾ればOK。自信がない方は、トレンドを参考にしてみてください。近頃は、線が細くて曲線的なデザイン、自然をモチーフにした物など、シンプルでナチュラルなトーンの絵が人気。加えて、差し色にゴールドがあれば、より今っぽい雰囲気が感じられます。**失敗しづらいのは、どんな部屋にもなじむよう、色使いが控えめなものを選ぶ方法**。「モチーフはステキだけれどカラフルすぎる」という絵は、白黒にコピーして飾るのもアイデアの1つです。

さらに、フレーム選びも重要です。空間のアクセントとしてスタイリッシュに飾りたいなら、黒やシルバーのフレーム。中に入れるポスターを目立たせつつ、自然で落ち着きのある部屋を演出したいなら、白や木の素材のフレームを。高級感やトレンド感を前面に出したければ、ゴールドのフレームがおすすめです。**フレームによって変わる、印象の違いも楽しんで**みてください。

続いて、ポスターやポストカードを壁に飾る場合は、高すぎず、低すぎず

↘ 3枚とも同じサイズなら

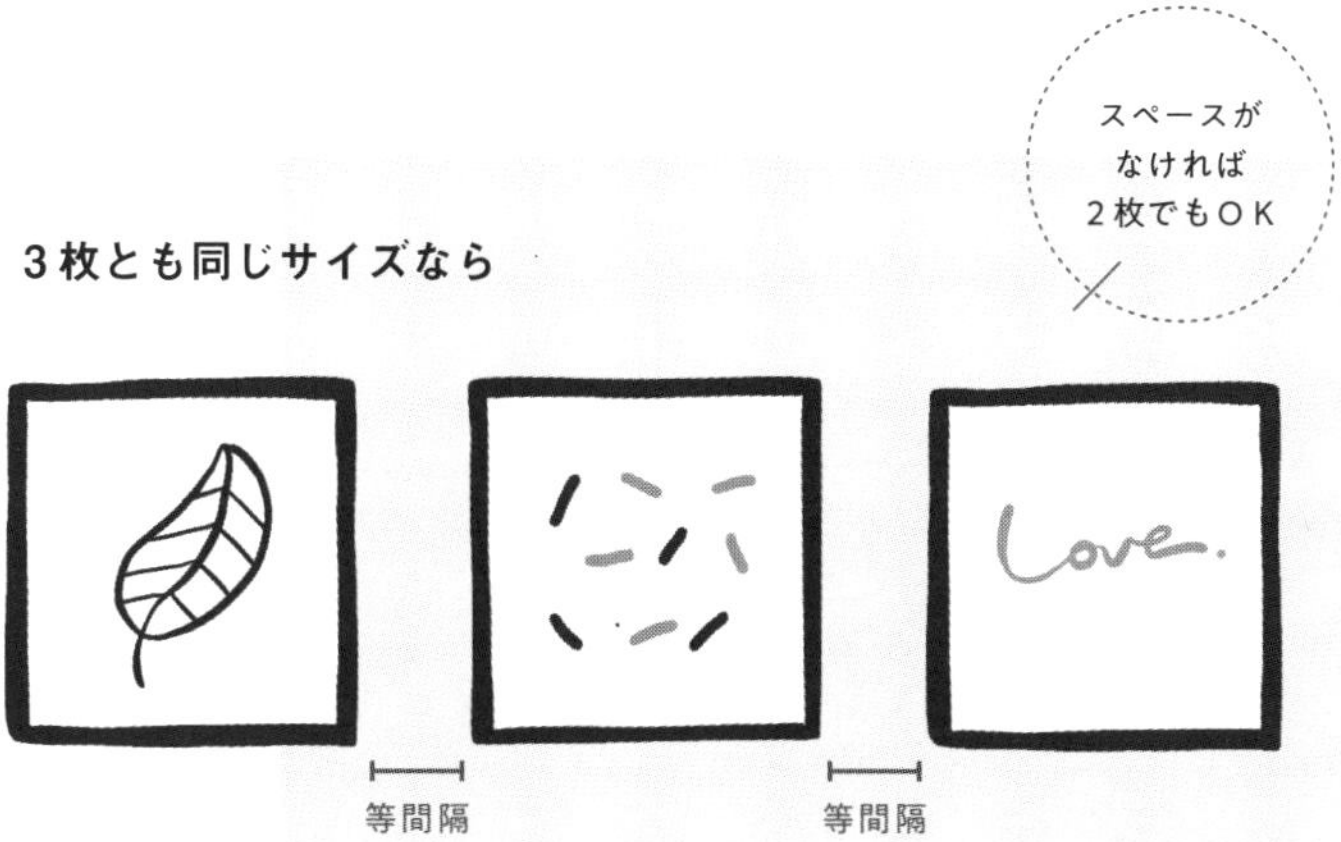

↘ 3枚ともサイズが違うなら

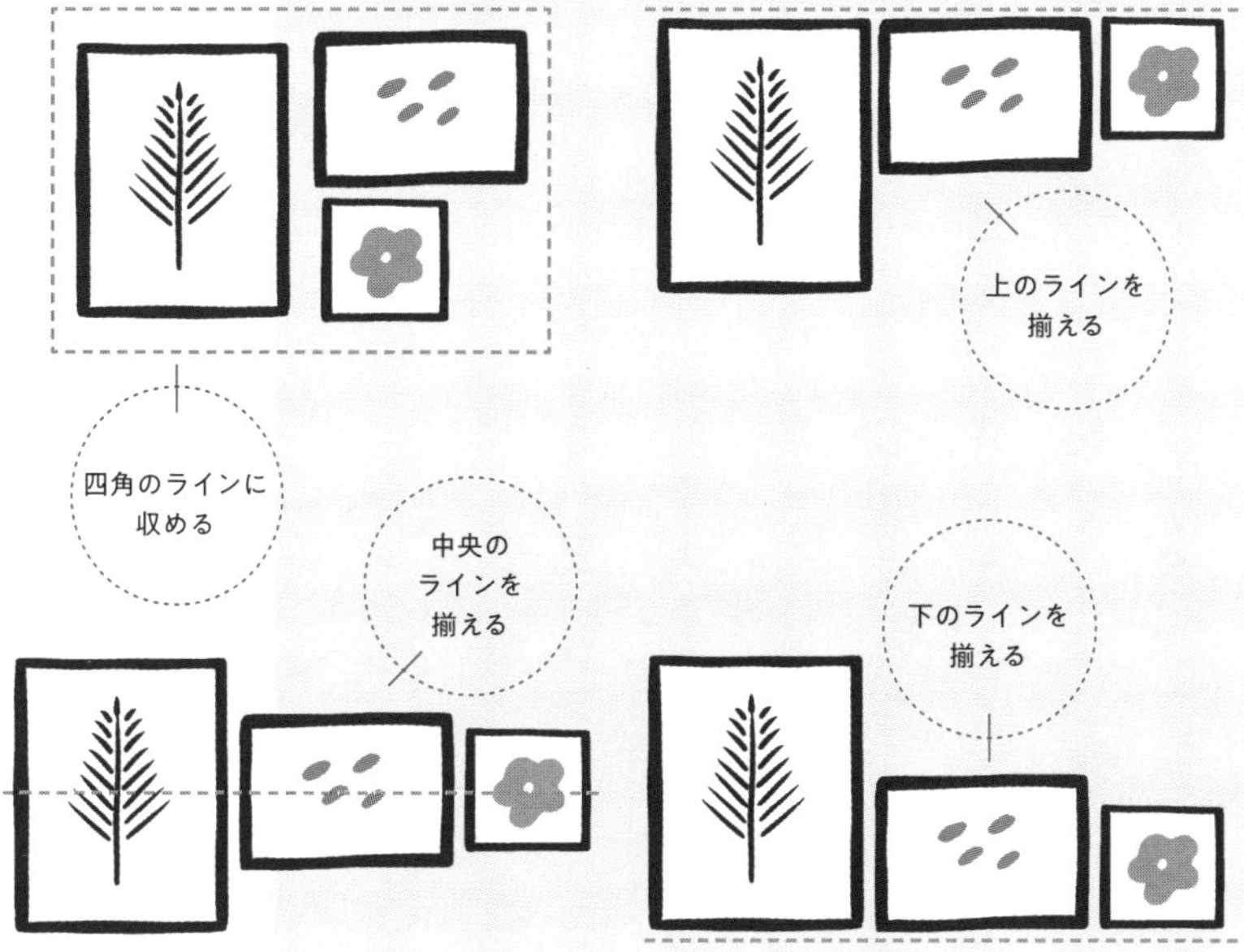

の位置に。おすすめは、**立った状態で、絵の中央が自分の首から胸の間の高さにくるポジション**です。立っていても座っていても見やすく、部屋に圧迫感を与えないので、個人的にはこの高さが気に入っています。

複数飾る場合は、並べ方が悩ましいですよね。壁の余白にもよりますが、バランスが取りやすいのは、3枚（3は魔法の数字ですね）。それぞれが同じサイズなら「並べる法則（P50）」を採用して、等間隔で水平に並べるだけでも見栄えがします。サイズが異なるのであれば、どこかのラインを合わせることがスッキリまとまって見えるポイント。前ページのイラストを参考に、気持ちよくハマる並べ方を探ってみてください。

均等に並べず、あえてラフに飾りたい場合は、絵の中央のラインに合わせて上下の位置をズラすと◎。「ラフだけれど、なぜかまとまっている」という〝計算された不揃い感〟が叶います。慣れてきたら、こうしたテクニックを組み合わせながら、自分だけのギャラリーウォールをつくっても楽しいですよ。

「賃貸で壁に貼りづらい」という方は、ポスターをフレームに入れて床置きするだけでも目を引きます。ポストカードなら、棚に平置きしてディスプレイしたり、クリアなガラスベースに入れて飾るのも新鮮！

↘ **ラフに見せたければ**

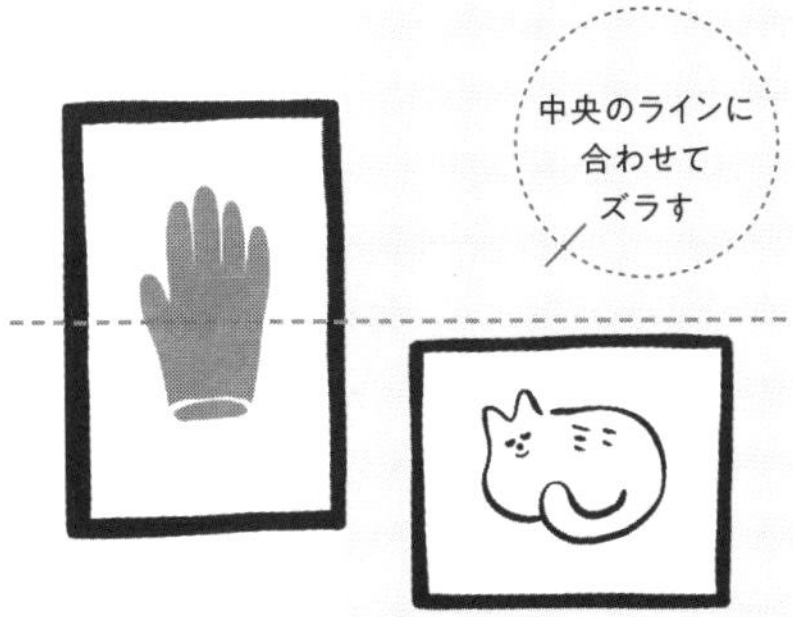

↘ **こんな飾り方も**

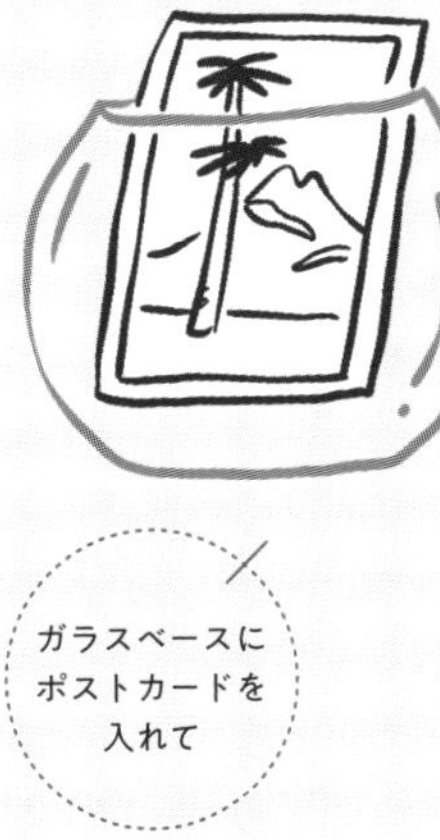

↘ **複数飾ってギャラリーウォールに！**

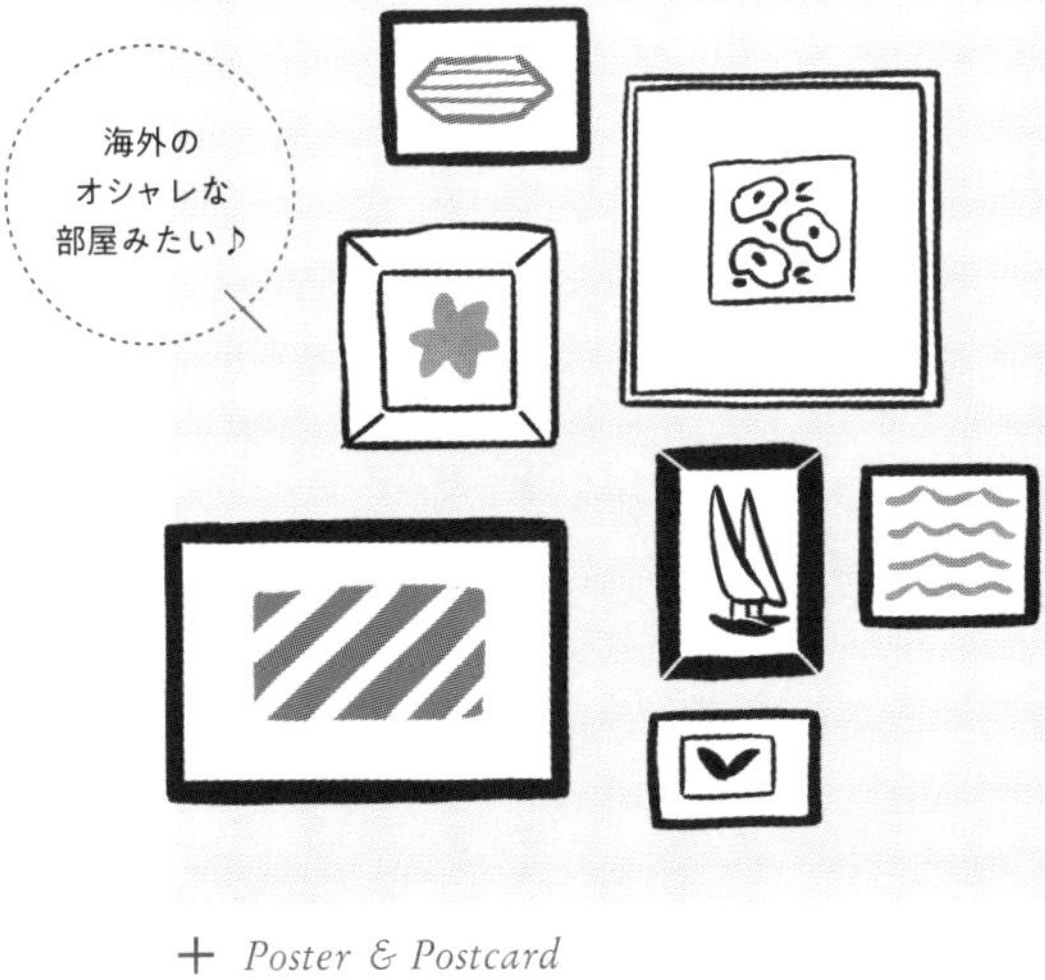

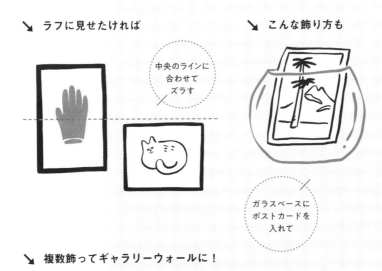

5. 柄物 をちょい足し

多彩な柄から
お気に入りを
見つけるのも
楽しい♪
ペルシャ絨毯柄を
取り入れるだけで
センスアップ！

柄物を部屋に取り入れるのは、少々勇気がいるもの。それなら、失敗してもリカバリーしやすい、小さなラグやクッションでトライしてみては。

取り入れる柄はお好みですが、迷ったら、トレンドを意識してみても◎。例えば、近頃人気の「**ペルシャ絨毯柄**」。植物や動物などをモチーフにした多彩で繊細なデザイン、そして、多色を用いた鮮やかな色合いが特徴です。曲線を使ったデザインも多く、やわらかな印象を与えてくれるのも魅力です。

取り入れやすさでいえば、民族柄が印象的な「**トライバル柄**」もおすすめ。人気のくすみ赤を多用した物も多く、1枚あるだけで、トレンド感溢れる部屋に仕上がります。

「**ジオメトリック柄（幾何学模様）**」もまた、コンスタントな人気を誇る定番柄。規則性のある柄はモダンなインテリアと相性がよく、スタイリッシュな雰囲気を演出できます。

6. クッションフロア

をちょい足し

床の色が部屋の印象を左右することは、最初にお伝えした通り。**部屋をガラリとイメチェンしたければ、クッションフロアを使って床の色を変えてしまう**方法もあります。ただし、リビングなどの大きな部屋の床を変える場合、手間も費用もかかるうえ、ＤＩＹに慣れていないとややハードルが高いかもしれません。そこで、まずは狭いスペースでお手軽リフォームを実践してみてはいかがでしょう。

初めてのクッションフロアなら、玄関のたたきのような、狭くて四角いスペースがおすすめ。わが家の玄関も、タイル風のクッションフロアを採用しています。狭くても、トイレなどの凹凸がある空間は、難易度が高いのでご注意を。専用のカッターを使うと、ビギナーでもキレイにカットできておすすめです。

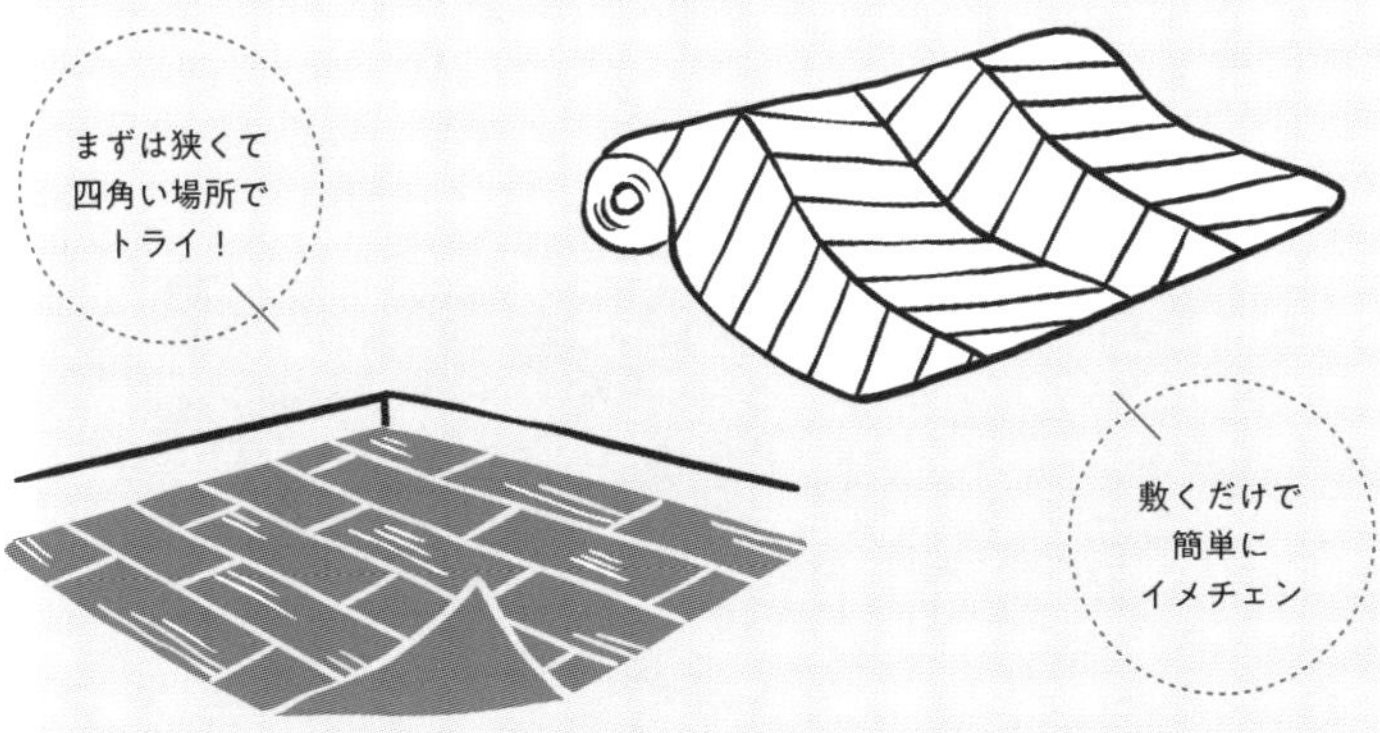
まずは狭くて
四角い場所で
トライ！
敷くだけで
簡単に
イメチェン

＋ *Floor mat*

7. 季節のディスプレイ

をちょい足し

季節や歳事に合わせたディスプレイを見ると、なんだかワクワクしませんか。イベントを家族で楽しむよろこびや、何気ない四季の移ろいを感じられるスペースは、その家の丁寧な暮らしぶりを象徴している気がします。ここでは、そんな季節のディスプレイのご紹介を。

季節物で悩ましいのが、せっかく揃えたアイテムが、そのときだけになってしまうこと。「来年も使おう」と思っても、好みは変わりますし、1年間収納しておくには場所も必要ですよね。そこでおすすめなのが、**日常的に使い回せるアイテムを積極的に取り入れる**ことです。

例えば、こどもの日やハロウィンなど、**イベントをモチーフにしたかわいいポスターをフレームに入れて飾る**アイデア。中のポスターを替えればフレームを使い回せますし、日頃はお気に

入りのポスターを入れて活用できます。
キャンドルも、どのイベントでも使い回せる汎用性が高いアイテム。クリスマスやハロウィンはもちろん、ひな祭りはピンクのキャンドルをコットンボールと組み合わせてディスプレイするのもかわいくておすすめです。

ドライツリーも、アレンジ次第で大活躍します。七夕なら笹の代わりに短冊を飾ると、大人っぽい印象に。赤のハニカムボールなどを添えれば、スタイリッシュなお正月のインテリアになります。

お手持ちのアイテムで実践できたり、新たに購入しても使い回せたりする物であれば、季節のディスプレイのハードルがグッと下がるのではないでしょうか。身近なアイテムでコーディネートできれば、アイデアも無限大です。ぜひ、ご家族と一緒に楽しんでくださいね。

8.「あえて」のいろいろ

をちょい足し

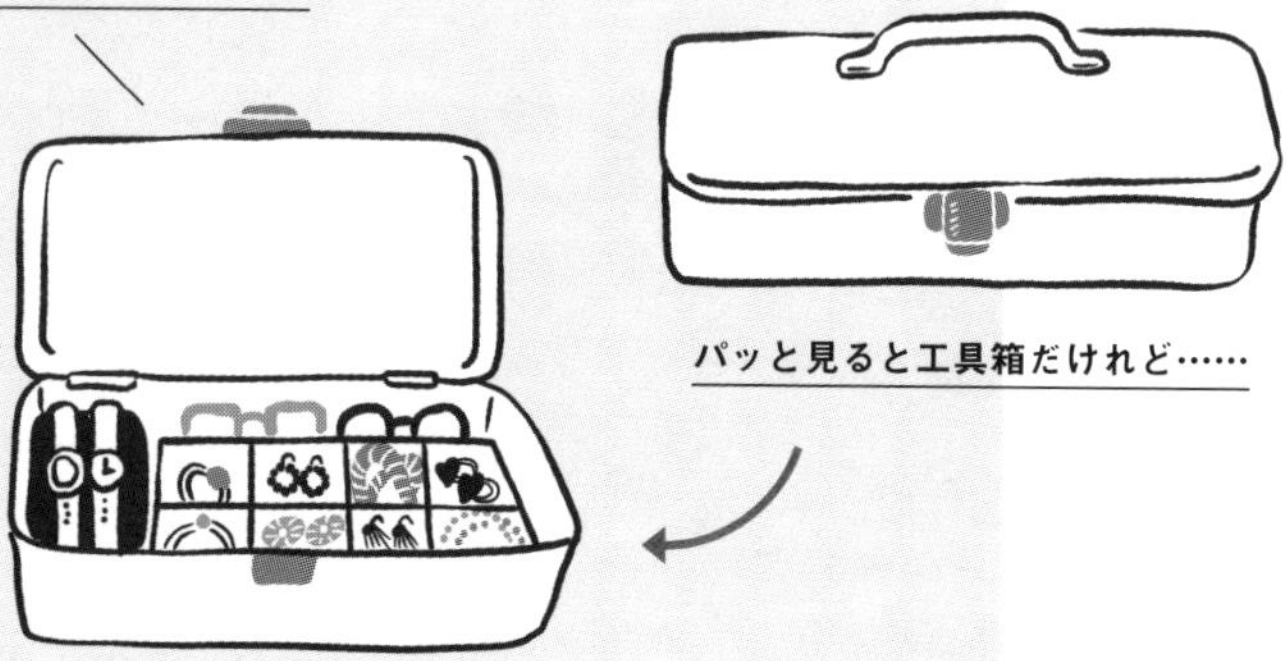
実は
ジュエリーボックス
パッと見ると工具箱だけれど……

あえて、本来の用途ではない使い方をしてみる

例えば、私がもう何年も使っているのが工具箱。

本来なら工具をしまうための物ですが、ここに100均の収納ケースを組み合わせて、ジュエリーボックスとして活用しています。

「○○入れ」という名前に縛られず、**「こういうふうに使ってみよう」という発想と柔軟性を大切にすると、もっと自由にインテリアを楽しめる**かもしれません。

「ランドリーバスケットは洗濯物を入れる物」「シンク下収納グッズはシンク下で使う物」……。そんな思い込みがあれば、一度、そのイメージを取り払ってみましょう。

あえて、違うデザインのダイニングチェアを揃える

ダイニングチェアは、あえて違うデザインの物を揃えると、**カジュアルダウンしてこなれた印象**を与えます。それぞれが違う色、素材でも、大きくテイストが異ならなければ意外と違和感はありません。気をつけたいのが、**イスの幅**。隣り合ったイスが干渉し合わずに出し入れできるよう、空間に余裕を持ったサイズ感で選びましょう。

あえて、トレンドの小さなインテリアを投入する

リビングなどの大きな家具は、シンプル＆ベーシックなテイストが基本とお伝えしました。でも、**スツールやカフェテーブルなどの小さな家具**なら、トレンドを取り入れて冒険するのもアリ。「小さな」の目安は、手放すときにリサイクルに出しやすいよう、自分1人で持ち運べるくらいの重さとサイズ感です。

Column

3

ご紹介します。私の偏愛アイテム

仕事柄、さまざまな家具や雑貨と出合う機会が多くあります。かわいい物、使い勝手がいい物、「ちょっとイマイチ」と思う物……。数え切れないほどの出合いを経て、今やわが家に欠かせない存在となった、私が愛してやまない5つのアイテムをご紹介します。

希望のサイズにオーダー可能！

WOODPROの OLD ASHIBA オーダーシェルフ

WOODPROは、足場板古材をリユースしている家具メーカー。自然な木材の質感が感じられ、とても気に入っています。もともとキッチンの収納に使っていましたが、今はリビングに。オープンシェルフで間仕切りとしても活用できるので、位置を変えて楽しんでいます。ナチュラルな風合いは、どんなインテリアとも相性バツグン。好きなサイズにオーダーできるので、わが家では洗面所でも愛用しています。

イケア のランドリーバスケット
BRANKIS / ブランキス

インテリアコーディネートのお仕事をしたときに出合い、気に入って自宅用に購入したアイテム。ランドリーバスケットですが、洗濯物に限らず、いろいろな物を収納できます。特に、レンジフード用のフィルターなど、大きくて収納場所に困る物の収納に最適！ もちろん、ランドリーバスケットとしての使い勝手も上々です。自然素材でつくられているので、見た目が癒やされる感じなのもポイント。明度が高く、置くだけで部屋がパッと明るくなります。

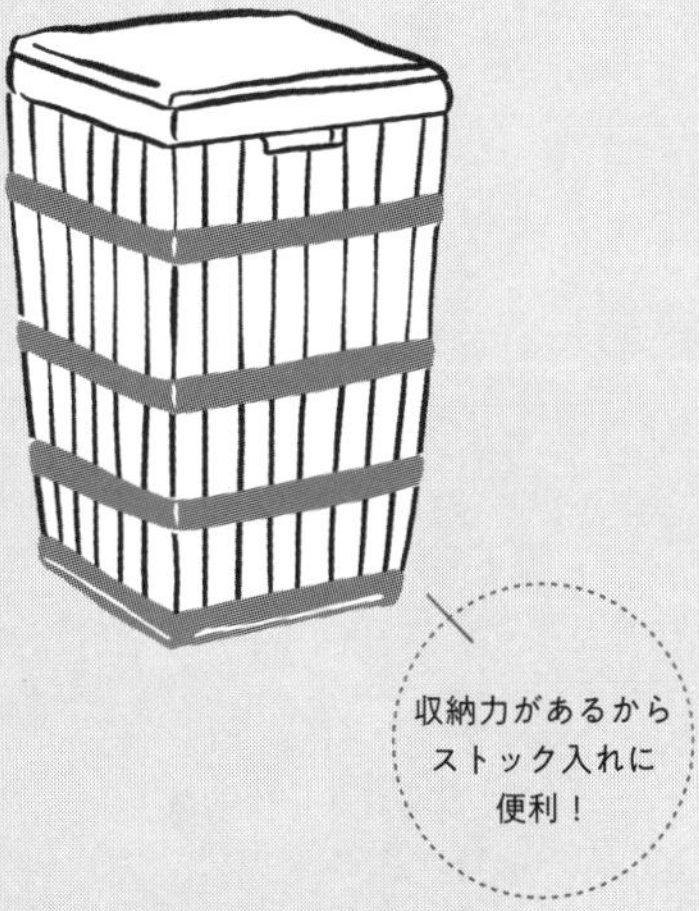
収納力があるから
ストック入れに
便利！

パッと空間を
あか抜けさせる
お役立ち
アイテム

イケア のチェア
NILSOVE / ニルソーヴェ

イスは大きな家具に比べると手軽に購入でき、部屋の雰囲気が大きく変わるので、たまに好きな物を選んで購入しています。これはちょうど、そんなふうに見つけたアイテム。なだらかな曲線と自然素材のやさしい雰囲気に一目ぼれ。お値段もお手頃とあって、ホームページから即買いしました。手編みで透け感があるので、部屋が重くならないのもお気に入り。ダイニングチェアや、撮影用のアイテムとして活用しています。

Column

3

Fine Little Day の
モミの木柄クッションカバー

飽きのこない
愛らしい存在♡

Fine Little Dayは、スウェーデンのインテリアライフスタイルブランド。クリスマス用に購入したアイテムでしたが、意外とオールシーズン使えて便利なクッションカバーです。北欧らしいモミの木柄は、大人っぽすぎず子どもっぽすぎず、本当に丁度いい加減の愛らしさ。モノトーンなのでどんなインテリアにも合わせやすく、それでいて部屋のアクセントにもなります。購入したのは2018年ですが、まだまだ飽きずに使っています。

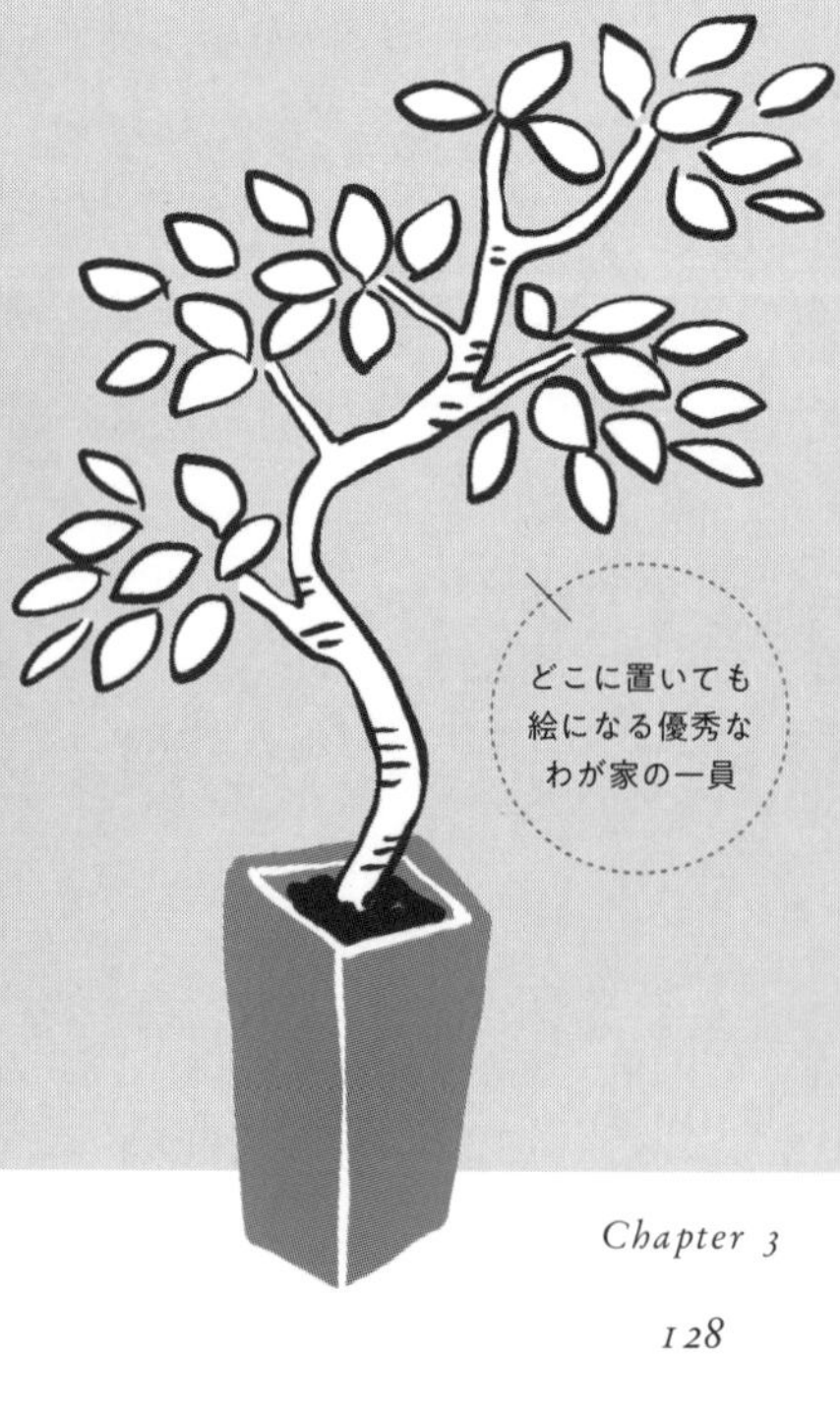

どこに置いても
絵になる優秀な
わが家の一員

フランスゴムの木

実は、植物を育てるのが苦手な私。これまでにいくつもの植物を枯らしてきてしまったのですが、このフランスゴムの木だけは、ずっと元気なわが家のメンバーです。フランスゴムの木の特徴は、葉が小ぶりで、グリーンの色合いが深いこと。あまり主張しないので、どんなインテリアにもスッとなじんでくれます。クネクネとした幹の曲がり具合も、オブジェのようでかわいい！お手入れが簡単な点も、私にとっては高ポイントです（笑）。

Chapter

4

こんなときどうしたらいい!? みんなのQ&A

みなさんからよく寄せられる、
インテリアにまつわるお悩みをご紹介。
私の回答は「正解」というより、
「こんな考え方もあるんだ」という
ヒントにしていただけたらうれしいです。

Q1

子どもが小さいうちは、やっぱりオシャレな部屋って難しい……？

A

焦らないで少しずつ形にしていくことが大切です。

「理想の部屋は即完成するものではない」と心得て、可能な範囲で、思い描くイメージを少しずつ形にしていきましょう。子どもが巣立ち、自由な時間ができれば、インテリアにもたくさんの時間と労力をかけられます。今はそのときまでの練習だと思って、無理せずに叶うオシャレで居心地のいい部屋づくりを楽しんでほしいです。

Q2

買ったものの、使っていない
雑貨が家に眠っています。
捨てるべきですか？

A

日の目を見るまで少しとっておいても。

使いどころがない雑貨でも、私の場合、すぐには手放しません。何かで気分が変わったときに、意外と活かせることがあるからです。「合わないから」とすぐに処分するのではなく、**いつか日の目を見ることを信じて、しばらくとっておいてみては**。何年か経っても出番がなければ、手放すことを検討しましょう。ちなみに、不要になった収納ケースは、冷蔵庫や車の中などで意外と使えることがあります。

Q3

自分の好みに自信が持てません……。センスを磨くにはどうしたらいい？

A 正解を求めすぎず、「楽しむこと」を忘れないで。

たくさんの方がそう言われます。でも実際にお部屋を見せていただくと、ステキなお部屋であることが多く、「見慣れ」や「飽き」でそう感じている可能性も。自分で感じているほど「センスがない」なんてことはありません。**完ぺき主義になりすぎず、正解を求めすぎず、「楽しむこと」**を忘れずにいてほしいです。感性の幅を広げるなら、いろいろなインテリア画像を見たり、トレンドなどの情報を得たりすること。私もよく、海外のＳＮＳなどを見て刺激を受けています。

Q4

これから家具を一式揃えるなら、何からどう考えればいい？

A

まずは予算組みから。買う際は、サイズ感を必ず確認すること。

まずは予算を明確にすること。次に、何が必要かを書き出して、予算と照らし合わせながらインターネットで好みの物を探します。欲しい物が見つかれば、置いたときのイメージを頭の中でシミュレーション。インテリアの3Dシミュレーションができるサイトやアプリを活用するのもおすすめです。その後、実物を見られるようであれば、お店に足を運びましょう。「予想以上に大きかった！」なんてことにならないよう、**サイズ感は必ず確認を**。

Q5

捨てないと片付かないと
わかっているけれど、どうしても
物を捨てられません。

A

「なぜ捨てられないのか」を考えてみましょう。

無理に捨てなくても大丈夫。一度、なぜ捨てられないのかを考えてみましょう。

「もったいないから」⬇使わないならリサイクルに出した方が、物の価値が上がります。「いつか使うかも」⬇とりあえず専用の箱に入れて保管し、処分できないか定期的に見直しを。「高かったから」⬇購入額を使用した日数で割ってみて。一日あたりの金額に納得できれば、手放せるかも。「何がいる物で、何がいらないかわからない」⬇片付けが得意な友人や専門家に相談するのも手。

Q6

夫がいつも物を出しっぱなし……。片付けてもらうよい方法はありませんか？

A

方法はいろいろありますが、完ぺきを求めないことも大事。

いつもいる場所の近くに専用ケースをつくり、物はとりあえずその中に入れてもらうようにする。本を読んだりセミナーに参加したりして、片付けの根本的な目的について、一緒に学ぶ機会を持つ。あるいは、子どもから促してもらうと、意外と効果がある場合も。ただし、男性は片付けや掃除に興味がない人も多いので、部分的なあきらめは必要かも。**最初から完ぺきを求めず、やってくれたことを褒めて、次の片付け意欲につなげることも大切**かもしれません。

Q7

子どものゲーム機器をスッキリさせるには？

A

お子さんと一緒に、定期的に収納を見直しましょう。

手軽なのは、バスケットなどに入れて隠す収納にしてしまうこと。またはコレクションのように並べて片付けることを教え、その様子を「かっこいい！」と褒めてあげてもいいでしょう。**収納は定期的に見直して、不要な物はお子さんと一緒にリサイクルに出し、物の数を一定に保つこと**。今ある物が必要かどうかを見直し、手放すことを、小さいうちから習慣づけておくのも大切です。

Q8

片付け場所を工夫したけれど、
子どもの片付けがうまくいきません！

A

まずは、ご両親が楽しそうに片付けてみて。

子どもに片付けを促す方法はいくつかありますが、私が一番効果的だと思うのは、**親が楽しそうに片付ける姿を見せてあげる**こと。親が片付けにネガティブな気持ちを持っていると、子どもにもうつってしまうもの。ご両親の姿から、「片付けはイヤなことじゃない」というイメージを養っていきましょう。難しければ、片付けられたときに笑顔を見せてあげるだけでもＯＫ。

Q9

収納ケースを多用しないと収納ってうまくいかないの？

A

やっぱり、収納ケースは必要です。

収納ケースがなぜ必要か。それは、**何もない場所の空間を仕切る**ため。例えば、何もない状態の棚に物を置くと、必然的に重ね置きになり、下にある物が取りづらく非常に不便です。当然、見た目も美しくありませんし、散らかる原因になります。収納ケースで空間を仕切ればそうしたことも防げますし、少なくとも、散らかった状態がケースの中だけで完結します。お手持ちの収納ケースがなければ、空き箱などを使って練習してもいいでしょう。

Q10

今度は収納ケースの中がゴチャゴチャ。ケース内の収納のコツを教えて！

A

仕切りをつくって、物が戻る場所の確保を。

空間を仕切れないと物が散らかる原因になります。よって、**収納ケースの中にも仕切りをつくってあげると、物が戻る場所が確立され、ケース内の散らかりが軽減します。**例えば、大きめの収納ボックスにファイルケースなどを入れる「ケースインケース」など。中に入れるケースは、ジャストサイズでなくてもかまいません。

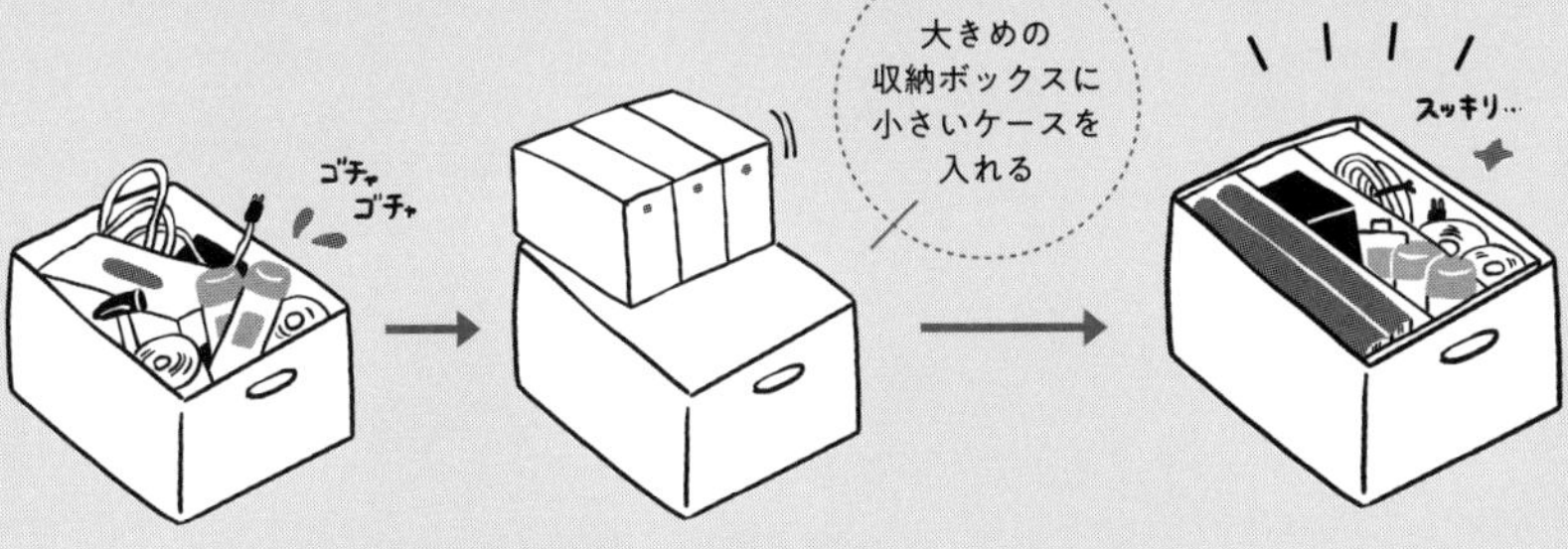

ゴチャゴチャ
大きめの収納ボックスに小さいケースを入れる
スッキリ…

Q11

溜まりがちな書類や手紙、広告類はどうしたらいい？

A

いらない郵便物は即処分！一時保管した書類は年末などにまとめて処分。

郵便物を受け取ったらすぐに「いる・いらない」を選別し、いらない手紙はその手でゴミ箱に（どこかに置かない！）。書類は「未確認」「確認済み」でケースを分類しておき、確認済みの中から不要な物を処分します。保険証書や年金関連の書類はまとめて一時保管し、年末の大掃除の際などに「いる・いらない」の見直しを。**残したい物が増えて困るなら、データ保存が便利**。例えば、写真やお子さんの作品なども、データ化することで場所を取らずにいつまでも残せます。

Q12

物が多い部屋が落ち着くのですが、それでもオシャレといえる？

A

もちろん、いえます！

オシャレな部屋とは、物が少ないことではなく、いかに自分の好みを見つけられて、それを形にできているかどうかです。**自分と家族が居心地よく感じられるなら、物が多くても問題ありません**。ただ、雑多な印象にならないようにするために、色数をしぼることと、全体のトーンを統一すること、そして、物が多い場所と少ない場所のメリハリをつけることを、意識してみてください。

Q13

10のルールを全部やらないとオシャレにならない？

A

オシャレの基準は人それぞれ。今やりたいことを優先して。

ファッションがそうであるように、インテリアもまた、最終的なオシャレの基準は自分の中にあります。**何を必要に感じ、どんなところにこだわるかは、人それぞれ**。「こんな部屋にしたい！」という気持ちを優先して、それに合うルールから実践してかまいません。もちろん、簡単にできるところから始めてみるのもいいと思います。

Column

4

収納ケースの上手な選び方

各メーカーからさまざまな種類が出ている収納ケース。機能もデザインも多彩で、どれを買うべきか迷ってしまいますよね。ここでは、そんな収納ケースの選び方についてのお話を。

見た目を美しく整え、ケースインケースもしやすいよう、**収納ケースは同じシリーズか、似たようなフォルムの物で揃える**のが便利です。加えて、いずれ同じ物を買い足す可能性があれば、廃盤になるリスクが少ない定番商品を選んだ方が安心でしょう。目につきやすい場所に置く物は、カゴや木箱、ファブリックバスケットなど、インテリア性のある物をミックスして並べると様になります。

素材については、お手入れのしやすさを基準に選んだ方が、後々ラクに。紙製の物は軽くて便利ですが、洗えないデメリットもあります。また、黒などの濃い色はホコリが目立

縁がでっぱっている物は、その分もサイズに含めて測ること
取っ手付きは、高いところなど取りにくい場所に便利！

ちやすいため、頻繁なお手入れが必要になります。

気をつけたいのが、サイズ。きちんと採寸をしたつもりでも、ケースに思わぬでっぱりがあると、「採寸したのに入らなかった！」という悲劇が起こります。**収納ケースとスペースの凹凸を確認し、それを考慮して採寸するのを忘れずに**。ただし、すき間ができる分には問題ありません。むしろ、収納はある程度の余白があった方がスムーズにいく場合も多いので、ジャストサイズにこだわりすぎず、余裕を持ったサイズ感で揃えることをおすすめします。

繰り返しになりますが、収納はトライアンドエラー。**やってみて使いづらかったり、気分転換したかったり、ライフスタイルが変わったりするタイミングで、自分にとって心地よい収納のあり方を見直してみましょう。**

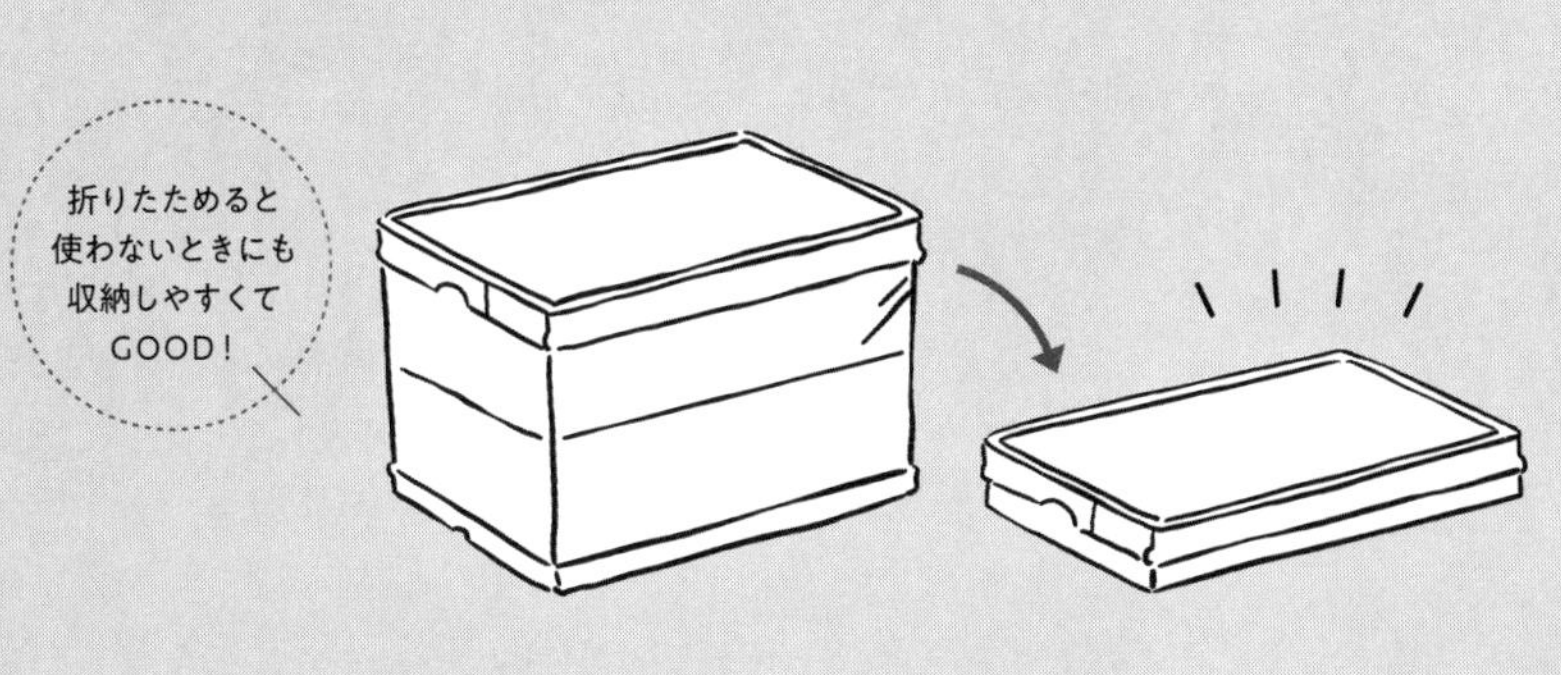
折りたためると
使わないときにも
収納しやすくて
GOOD！

おわりに

「オシャレな部屋に対するイメージは、それぞれでいい」と私は考えています。好きな物も違えば、理想とする暮らしも違う。ライフステージも違い、部屋の雰囲気も間取りも方角も、家族構成も違う。そのため、雑誌やＳＮＳ、モデルハウスなどで見るステキな部屋は、自分の家にそのままうまく適用できない場合がほとんどなのです。それぞれ違うからこそ参考程度にとどめて、それぞれのオシャレを楽しめばいいのです。

本書でルールとして紹介したことも「絶対にそうしなければ」というものではありません。そのまま取り入れるもの、アレンジを加えオリジナルにしていくもの、試してみることで新しい発見を得て、違う方法を取り入れるものなど、改めて部屋をつくる一歩に、またはこれからの暮らしを考えるきっかけにしていただければと考えています。

そのうえで、暮らしの中における「オシャレな部屋」とは、単に静止画として美しい部屋をつくることではないと思っています。というのも、美しさを優先するあまり、家族が使いづらさや居心地の悪さを感じたり、自分自身も美しさを維持することに必死になって疲れ果ててしまったりしかねないからです。
自分や家族にストレスをかけてまでつくる部屋は、誰のための、なんのための部屋なのかわかりませんよね。「家」は、本来自分と家族が心地よく、楽しく、毎日の疲れを癒やして、心身の健康を保ててこそ、うまく機能しているといえます。ストレスの多い時代だからこそ、表面的なオシャレだけにこだわりすぎず、**暮らしに寄り添う〝内面〟もオシャレな部屋**を意識してみてください。

長い年月をかけて、自分なりに「オシャレな部屋にしたい、心地よい部屋にしたい」と小さな工夫を重ねてきました。その延長線上に今があり、これからも積み重ね続けることが目標です。今があるのはあの日、友人に刺激をもらい暮らし方を変えたから。そして小さく積み重ねてきたから。

「暮らしが変われば、未来が変わる」

1年先、2年先、5年先、10年先……あるいはもっと先の未来のために、あなたにとって、本当に大切にしたいオシャレな部屋が見つかりますように。

瀧本真奈美

瀧本真奈美

株式会社クラシングR代表取締役。整理収納コンサルタント、暮らしコーディネーターとして「心地よい暮らし」を提案。収納やインテリアに関するワークショップ、セミナーなど、全国で幅広く活動中。著書5冊、インテリア誌等の雑誌掲載は130冊以上。NHK「あさイチ」、日本テレビ「ZIP!」などテレビ出演多数。SNS総フォロワーは19万人を超える。愛媛県で夫と2人暮らし（2人の子どもは独立し、孫が5人）。

HP ▶https://www.kurashiing.com/
Blog ▶https://ameblo.jp/takimoto-manami/
Instagram ▶@takimoto_manami

デザイン　平田頼恵（cinta.）
イラスト　コナガイ香
校正　鷗来堂
編集協力　荒井奈央
編集　今居泰子（MOSH books）
　石原佐希子（マイナビ出版）
　野村律絵（マイナビ出版）
印刷・製本　シナノ印刷株式会社

部屋をオシャレに、心地よく
インテリア&収納 10のルール

2021年9月10日　初版第1刷発行

著者　瀧本真奈美
発行者　滝口直樹
発行所　株式会社マイナビ出版
〒101-0003
東京都千代田区一ツ橋 2-6-3　一ツ橋ビル 2F
TEL　：0480-38-6872（注文専用ダイヤル）
TEL　：03-3556-2731（販売部）
TEL　：03-3556-2735（編集部）
MAIL：pc-books@mynavi.jp
URL　：https://book.mynavi.jp

ISBN 978-4-8399-7681-1
Printed in Japan